陶百川全集(廿三)

臺灣經驗和平演變

三民書局印行

國立中央圖書館出版品預行編目資料

臺灣經驗和平演變/陶百川著.--初版
.--臺北市：三民,民81
面；　公分,--(陶百川全集;23)
ISBN 957-14-1888-9 (精裝)

1.中國-政治與政府-論文,講詞等

573.07　　81001633

臺灣經驗和平演變

著者　陶百川
發行人　劉振强
出版者　三民書局股份有限公司
印刷所　三民書局股份有限公司
地址／臺北市重慶南路一段六十一號
郵撥／〇〇九九九八－五號
初版　中華民國八十一年四月
編號　S 57070
行政院新聞局登記證局版臺業字第〇二〇〇號

ISBN 957-14-1888-9 (精裝)

本書編讀指引

一、這個「臺灣經驗」特輯，收印四書，依次是《臺灣經驗源頭活水》、《臺灣經驗他山之石》、《臺灣經驗統一大道》和《臺灣經驗和平演變》。

二、臺灣經驗，卑之無甚高論，祇是臺灣的現代化及其歷程和成果。它因爲有它的源頭活水，所以能夠這樣「天光雲影共徘徊」的清澈。這些源頭活水從何而來？著者試作交代。

三、臺灣經驗當然也取法於他山之石，同時，它也可爲他人作攻玉之用。

四、第三册《臺灣經驗統一大道》，請與全集另兩册有關國家統一的《爲三聯統一呼號》和《爲兩岸共存呼號》合看。

研究國家統一問題，必須了解中共的政策方針及其心態，所以本書附載了上海公報，所謂「葉九條」、「鄧六條」和楊尙昆談話的摘要。他如「建交公報」和「八一七公報」則已附載於本全集他書，又「臺灣關係法」則可查閱三民書局出版的《六法全書》。

五、第四册敍述臺灣四十多年來在政治經濟和社會等方面的改革開放，目的是爲人民福祉，方法是現代化，手段是和平漸進，也就是所謂「和平演變」，而不是使用暴力或革命。臺灣的改革和進步，目前尚未完成，正在積極推行，而且尚難終止。但想不到近在大陸引起震撼，甚或認爲它是臺灣對大陸的陰謀，並把它與美國扯在一起，這眞是寃哉枉也！我希望中共不要自我非薄，以致那樣畏懼改革開放與和平演變！

臺灣經驗和平演變 目錄

應變馭變用變

憲政改革與和平演變

政治革新再革新

兩岸關係與和平演變

國際關係與和平演變

應變馭變用變

鞏固七大地位知變馭變用變

「將事而能弭，當事而能救，既事而能挽，此之謂達權，此之謂才。未事而知其來，始事而知其終，定事而知其變，此之謂長慮，此之謂識。」

呂新吾：《呻吟語》

變的特質

這是一個多變的世界！這是一個大變的時代！舊秩序已不能維持，舊觀念已不能適應。如要生存，必須預知變化，因應變化，進而駕馭變化，利用變化，於是本身也須求變求新。

因爲現在的變化，不僅是量的變化，尤其重要的是質的變化；不僅是過去所累積而成的，尤其重要的是突然而來的；不僅影響於一隅，尤其重要的是波及於多處；不僅是以算術級數在演進，尤其重要的是以幾何級數在飛躍。

惟有認知，尤其要預見，變化的性質和影響的嚴重，而後方能憂勤惕勵，莊敬自強。但是尚須追溯和了解變化的由來和走勢，而後方能對症下藥，善爲因應和利用。

然則現在的變化究竟怎樣成為這樣大的氣候呢？源頭複雜，原因繁多，請看尼克森總統的說法。本月二十七日他在紐約每客一千元的籌款宴會中坦白的說：「我們改變了世界」。他並繼續預告：「但是我們僅在開始，要做的工作還很多」。這話並不自誇，也不自諱。如說現在的變化是好事，他是開風氣之先，如說它是災禍，他是始作俑者。

變的趨勢

尼克森以及抱同樣見解和走同樣路線的其他國家的負責人，有一個根本的想法，就是因為核子恐怖的平衡，戰爭不可能用作解決爭執的工具，而須代之以和平的方法，因此不能不走上談判之路，而進入談判時代。

但是談判或和平解決，談何容易，所以世界尚有變化。仍用尼克森在另一次演講中的話來說明。他在本月二十五日對國際貨幣基金會和世界銀行聯合年會指出：在這個歷史性的偉大運動中，「參加這個集會的有經驗的人士不致幼稚的期待許多分歧都會輕易解決。我們預見因為人類和國家各有不同的利益以及對於生活和思想的不同想法和做法，可能的衝突自將追伴著存在」。

他接著列舉三種可能：

一、「因為大國間軍事衝突危機的減少，經濟衝突的潛在性就增加。」

二、「因為和平可能性的增強，戰後把我們聯結起來的同盟紐帶就變為軟弱。」

三、「因爲世界各國的經濟力量都在增加，商務的接觸就與分歧的可能相因相乘。」

第二天（九月二十六日），美國財政部長就向那個一百二十四國的聯合年會提出國際貨幣改革方案，逼使日本減少國際貿易順差或將日圓再度升值，而使東京大感震驚。

試測四種變化

我的學力和時間，不可能就世界變化的來龍去脈詳細指陳，現在衹就與我們有切身關係的問題提出幾個假想（我說的是「假想」），以供參考：

一、世界變化的導因之一，是毛共對蘇聯做了狄托，尼克森於是就對毛共加以安撫，以期擴大蘇毛的裂縫。但是蘇聯與毛共因爲種種「認同」，未始不能言歸於好。另一種推測是說蘇毛之間可能發生毀滅性的戰爭。我不排除這二者的可能性，但我毋寧相信前途仍將如目前這樣不戰不和的僵局。

二、蘇毛的對峙和僵持，對毛自很不利，它已導致了內部的權力鬥爭和對外的政策混亂。尼克森的北平訪問，雖然替毛打了強心針，日本的背我親毛，雖然又向它進了一些維他命補藥，但也可能格外加深和加強蘇毛的對峙，甚至加速蘇聯對毛的清算鬥爭。加以共產統治不得人心，內部鬥爭方興未艾，臥榻之旁又有我們俟機反攻，所以毛周政權隨時有突變和瓦解的可能。

三、日本和毛共的親近，當然不利於我，但更不利於日本。日美關係可能疏遠和緊張，日蘇關係更無改善的可能，而日本因對我的忘恩負義，背信圖利，賣友求榮，必將爲世界各國所鄙棄，它的商務關係和經濟大國的地位必將蒙受重大的損害。而且將來政府改選結果，左翼分子可能奪權，聯合政府則已在望，前途不知將亂到和糟到甚麼樣子。

四、最近美國是否會有甚麼變化，自將取決於大選。近來尼克森當選連任的展望很光明，他當選以後的外交政策，比麥高文的可望穩健而不致再有重大的「震撼」。但是美國的選情向難預測。本月二十八日《紐約時報》突出奇招，宣佈支持麥高文，摒棄尼克森，指責後者祇圖便宜，不講原則，更沒有基本哲學，一切都以當選爲本。如果麥高文當選，他的「震撼」可就大了。

七個關鍵地位

因爲交通的便利，地球已經變得很小。因爲國際間各國互相依存的關係太密切，一隅的「震撼」，可以波及全球。尤其我國的四周，如上所陳，兩年來已經成爲美國、蘇聯、日本和毛共角逐的中心，而我國且又成爲中心的中心，地位從而日益重要，所受的衝擊和試煉，也將特別嚴重而敏感。我們必須應付不斷的變化，進而馭變、用變和求變。

這是我們的苦難，但也是我們的機會。如何遇難成祥，必須具備偉大的力量和強固的地位。而我們是具有這樣的力量和地位的。其中具有關鍵性的，共計七種。總統指出了最重要的兩種，我試指陳其七種。列舉如下：

一、地緣的政略地位；
二、政治的心理地位；
三、飛潛的攻守地位；
四、均足的經濟地位；
五、知識的權力地位；
六、公誠的團結地位；
七、道助的國際地位。

怎樣鞏固政略地位

關於「地緣的政略地位」，總統在今年三月六日對三中全會指出：「今天我們所遭遇的拂逆頓挫，雖比之任何時代，更爲劇烈，但是臺澎金馬復興基地的地域、水域，乃正爲太平洋和大陸之間的政治分水嶺，並爲自由世界在西太平洋的防洪堤和橋頭堡，我們實擁有亞洲太平洋地區舉足輕重的『地緣的政略地位。』」

試想臺灣如果爲毛共所併吞，美國的關島和日本的沖繩，都將暴露在毛共矛頭的尖端。又試想臺灣如果爲蘇聯，或爲日本，或爲美國所侵佔，因爲它將破壞東亞的均勢，勢必引發其他強國的干涉。這是美國協防臺灣的原因之一，也是臺灣地緣的政略或戰略地位給予我們的安全保障。

但是我們這個政略地位僅靠國際均勢的保護是不夠的，我們必須作多方面的努力，使它格外鞏固，庶幾進可以攻，退可以守。下文容當詳陳。

怎樣鞏固心理地位

但是「天時不如地利，地利不如人和」；如果人民「委而去之」，高壘深溝，又有何用！所以在地緣的政略地位外，蔣總統在同一訓詞中又指出臺灣的「政治的心理地位」。他說：「我們是自由世界反共思潮的主流，我們始終以堂堂之陣，正正之旗，為中國人民的自由生存而戰，而亦就是為亞洲人民的和平幸福而戰。自由亞洲不唯與我們同其禍福，而實以我們為其前驅與後盾。我們為海外僑胞精神的主導，一千八百萬僑胞，心向祖國，則自由世界皆蒙其福。特別是七億大陸同胞，完全以我們為其歸心托命的方舟。而我們在基地上三民主義建設所造成的政治、經濟、文化、社會……進步的事實，更為人性追求的正鵠和改變一切均勢的心理的要素，我們所擁有這一『政治的心理地位』，結合著『地緣的政略地位』，決不會為任何邪惡逆流所動搖，抑且愈將顯示其砥柱中流的道德勇氣」。

在形成心理地位的多種政治因素中，我們應該強調自由，包括集體的自由和個體的自由。仍用蔣總統的話來說明；他在英文《讀者文摘》四十週年祝詞中指出：「我們為了根除共產主義而作的獻身的努力……是一種基於我們堅持要使人的生活有意義，生命有價值……一言以蔽之，要使人人自由的奮鬥」。

請容我加上這兩句：自由是反共的利器，我們要以自由爲號召，喚起大陸被奴役的同胞，我們要高舉自由的火炬，照亮反攻的道路。

怎樣鞏固攻守地位

臺灣的地緣的政略地位和政治的心理地位，現在因有兩種重大的因素，可保無虞：一是美國與我國所訂的共同防禦條約，二是亞太地區的國際均勢（當然也賴有我們自己的力量）。但在這多變的世界和時代，靠人總不是上策，而局勢也不能一成不變。例如日毛如果進一步勾串，東亞的均勢便難維持，毛共對我是否會按兵不動，美國能否調動三軍及時來援，我們都得居安思危，作萬全的打算。

以韓國爲例，它在美國宣佈要從韓國撤兵以後，立即向美國提出一個軍備現代化計畫，美國從而承諾以每年二億美元的軍援更新韓國的武器，並以五年十億元爲目標。日本也向美國求援，美國允在日本設立飛機工廠，爲日本製造馳名全球的F四幽靈式噴射戰鬥轟炸機，現已開工。

我在今年三月十四日曾向監察院提案呼籲：「面對國際逆勢，我國國防任務自必日益加重。今後海防如何更求鞏固？空防如何臻於周密？武器如何更新？士氣如何永保？美國有何助我增強軍備以及我國有何自強自給之計畫？本院受人民付託之重，當此嚴重關頭，自當格外善盡監察之責。擬請本院國防委員會推派委員加以調查，俾知是否尚有應行注意改善之處，以策萬全。」

後來我們聽證結果，深感我國國防尚應作進一步的努力和改進。但我對軍事究屬外行，現在提供二點常識性的建議：

第一、以海島爲基地的攻擊和防禦，必須掌握制空權和制海權，於是必須發展飛機和艦艇，而幽靈式飛機和潛艇尤爲急需。如果我們不能獲得美國的贈與，也當花錢去買。如果我們能撥出外滙存底的一半以增強這些新武器，我們就能有更大的安全感了。

第二、我們的財力究竟有限，所以國防經費應作更經濟的使用，於是必須採用精兵主義。行政院似應立卽檢討尙有那些軍事機關可以裁併，那些非戰鬥的兵員可以解甲歸田或歸廠，以其節餘購置飛機和潛艇，以其人員發展經濟。

怎樣鞏固經濟地位

說到經濟，在生產上須求富足，在分配上須求均衡，而目前似乎祇求前者，忽略後者。所謂「不患寡而患不均」，「不患貧而患不安」，話雖偏激，實可注意，我們要防止不均，以免釀成不安。

爲求富足，我提供下列意見：

第一、如果外資減少，如果民間不能踴躍投資，政府應辦公營事業來塡補空隙，不可讓生產萎縮下去。祇要政治清明和管理適當，企業公營本是開發中國家發展經濟的有效途徑，我們不可因噎廢食。

第二、我們要省吃儉用，將金錢儲於銀行以供作生產之用。政府尤應節省消費，杜絕浪費，以增加生產的資金。許多民間能做的事業，例如富家子弟的教育儘可讓私立學校去負責，政府不必搶先去做，縣市教育經費的負擔現已突破總收入百分之五十的大關，將來自必難以爲繼。

第三、即使以建設而論，建設誠是好事，但在窮國也得有個比較和選擇。生產性的建設自當列爲優先，其次是服務性的建設，至於消費性或享樂性的建設，祇好屈居末位了。而且生產性的建設也得分個先後緩急，不能百廢俱舉。例如高速公路如果在大部分的地段內把四線道先築二線道，如果必要再行拓寬，現在就能節省數十億元。又如第一期工程費就高達四十七億元的臺中港，因它南距高雄港，北距基隆港，各僅一百數十里，在鐵路電氣化和高速公路完成後，十餘年內似無開築的必要。而且據說日本人的設計，技術固有問題，費用更不經濟，尤應及時糾正。以這兩項所省的一百多億元去發展工業和農業，經濟情形就能大大的改觀了。

第四、效法以色列國內外人民的財經愛國運動，勸用國貨，勸買公債。如果僑胞中有一千萬人每週各買國貨一元美金，每年就有五十二元，總數多達五億三千萬美元，再如每人每年能買十元美金的臺灣公債，一年可達一億元。兩者合計六億二千萬美元。如果保守估計，六折實收，也夠買一百架以上能夠尅制米格機的幽靈式飛機了。

其次，不均情形的改善，當然比較容易，但須先把享樂和漠不關心的觀念改過來。我也提供幾點意見：

第一、「我願君王心，化作光明燭，不照綺羅筵，但照逃亡屋」！臺灣人民飽食暖衣和交通（行）是早已不成問題的，育樂富有彈性，似非當務之急，人民最感痛苦和急需政府大力幫助的，乃是住的改良。貧民窟必須肅清，但須先建後拆。建地如果租用，每戶十五建坪的房屋，精打細算，工料費大約六萬餘元，分期付款，貧民也負擔得起。

第二、年來農業經濟萎縮，農民生活艱苦，幸而行政院最近採取幾項措施，就可改進。但產業工人的最低工資迄今尚僅每月六百元，必須照有關各機關的協議，立即提高為九百元。如果政府不願調整，也應宣佈廢止最低工資制，讓勞動供求律去自找水準。

第三、一方面有豪華奢侈的排場和荒淫糜爛的生活，另一方面是收入微薄和生活困難，相形之下，最足表現和引起不均、不平和不安。蔣院長對公務員的十項指示，未始不是有鑒於此。我建議再用行政措施使民間也能一體奉行。例如政府如果不再收色情營業的許可年費，則它們自必關門了。又如政府如果限制外國小汽車進口，我們這些走路和坐公共汽車的人就可減少被身旁馳駛汽車濺上泥水的反感了。

怎樣鞏固權力地位

國家是權力的組織，政府是權力的執行人，而政治乃是權力的表現。但權力不僅是法律、命令、警察、軍隊和法院的力量，也是道德、信仰和知識的力量。現在我要特別強調知識與權力的關係來闡明（基於）知識的權力地位的意義和重要。

知是學問，識是見解。有知無識，祇是一只書箱，不能活用；有識無知，祇是一潭死水，就會枯腐。

西洋人所說：「知識是權力」，這話已不能表現知識力量之大，現在知識簡直能夠決定一切了。

怎樣鞏固我們的知識的權力地位呢？試供拙見：

第一、政治家要具備統治的知識，所謂「宰相必用讀書人」，這是自明之理，但尤其要能尊重知識。「知識是權力」，西洋人說得有理，但他們也警告：「一知半解是危險的事情」。所以政治家貴能求言納諫，明善察理，以衆人之知爲知，而切戒護短拒諫，自以爲是，自以爲足。請容我再抄一段《呻吟語》：「愈上則愈聾瞽，其壅蔽者衆也。愈下則愈聰明，其見聞者眞也。故論見聞，則君之知不如相，相之知不如監司，監司之知不如守令，守令之知不如民論。壅蔽則守令蔽監司，監司蔽相，相蔽君。惜哉，愈下之眞情不能使愈上者聞之也！」

第二、我們要修改價值標準，不以財富，不以權力，而以知識爲無價之寶。

第三、我們要把知識大膽的「解放」出來，首先要對言論自由、新聞自由、講學自由和出版自由，不獨加以尊重，而且予以獎進。因爲這些自由乃是知識的源頭和根本。假使（我說的是「假使」）爲圖一時的便宜和快意，而對這些自由採取封閉的政策（有如我們一個友邦最近之所爲），自必戕賊知識的根源，甚至斲喪國家民族的士氣和生機。

怎樣鞏固團結地位

國家是人民的結合，政治是衆人之事，譬如公司，官吏乃是經理人員。其成其敗，固有賴於政府的權力和能力，而尤賴於人民對政府的支持。後者就是團結。

團結是政府和人民相互間的事，不是「單相思」所能形成。但處在領導地位的是政府，所以政府應該首先採取主動，促成與人民的團結。而政府如果出之以公誠，一定能得人民的共鳴。所謂「公誠」，原文是「開誠心，佈公道」，是陳壽《三國志》對諸葛亮待人接物的考語。它的重要，可用相反的情形來說明。因爲不公就是私，而「私者亂天下者也」（管仲）；不誠就是僞，而「不誠無物」（孔子）。

對於臺灣的團結情形，我認爲已有很大的進步，想說的話已不多，但仍有可以注意者，略陳於左：

第一、政通人和方能團結；敬官愛民，團結斯固；而愛民之道，得民之敬，以達到政通人和，道理原很簡單，「輕刑罰，薄稅歛」，如此而已。「治亂國，用重典」究竟是不得已而方爲之，而且因爲是重典，尤須審愼，更須公正。切忌深文周納，任意失入。怨恨如集於政府，團結尚何能鞏固！執法人員尤當戒勉！

第二、海外的臺獨運動，氣勢正在衰落，不致成爲心腹大患。政府正好及時疏導，期其共赴國難。

第三、毛共對海外僑胞的統戰工作，以「民族主義」和「國家統一」爲號召，現正積極展開，甚至將來也會對臺灣試作和談攻勢。我支持蔣院長的反共立場，而且深信以毛共的不公不誠，無仁無信，沒有人會上它的當。於此足證我們更應開誠心，佈公道，崇自由，行仁政，以擴大團結，打破統戰。

怎樣鞏固國際地位

最後我必須強調「道助的國際地位」的重要，而且我們在世界姑息逆勢中尚有做好國際關係的可能。

國際關係原可分爲外交關係、經濟關係（包括貿易、投資和技術合作）、文化關係，有時加上軍事關係，而以外交關係爲關鍵。但在兩國斷絕外交之後，其他關係未始沒有維持的可能。

國際關係也可分爲雙邊關係和多邊關係。雙邊關係斷絕後，多邊關係仍可維持，而且更有必要。我國現正參加集會的國際貨幣基金會和世界銀行聯合年會，便是一個很好的例子。

國際關係也可分爲政府關係和民間關係，所謂「政經分離」有時也有運用的必要。

凡此分析，祇在說明我們在國際關係方面的天地尚寬，尚有我們飛翔的餘地。可是也須看我們自己的能力和做法，而在這逆流中，我們的能力將大受限制，做法將更感困難。

我現在提出一個重要的指針，就是孟子所說的：「得道多助」。他說：「得道者多助，失道者寡助。多助之至，天下順之；寡助之至，親戚叛之」。我上面所強調的六大關鍵地位，就是道，鞏固那些地位，就是得道。我們是已走上正確的光明的大道了。

可是國際關係是多邊的，至少是雙邊的，不是我們單方面的內政所能決定的。所以我們還須另有做法：

第一、我們必須做好對美國的關係。首先要修正中美關係不會大變的想法。它是會變的，而且也會惡化的，那將是我們的致命傷。可是我們的注意不夠，準備不夠，行動更不夠，眞有點使人莫測高深。在對日關係上，我們國內總算還有幾位老成人，在日本也有相當多的朋友，而且我們曾經投下「以德報怨」的大「資本」。可是結果是這樣的慘。至於對美關係呢？我們的條件實在太差了。怎不使人憂心如焚！

第二、說到應變之道，有人便會說：「大勢所趨，無可奈何！」那麼請看辛亥革命何以能成功！

有人也許會說：「我們沒有足夠的錢」。但是我們能爲一個「萬大計畫」（爲臺北市萬華大龍峒地區拓寬馬路和美化市容）花用十億七千餘萬元（約合二千六百餘萬美元），我們可說沒有錢去應付足以致命的國際變化麼？

有人也許又說：「我們人才太少了」。但是我們海外有那麼多學人和僑胞，國內更有很多可用之才，全在我們能否善用之而已。

第三、關於中日關係的變化，我在五次公開場合中講得很多了，但這裏必須強調一點，就是釣魚臺必須設法收回。這不僅是基於國家的主權和人民的公意，而且也是爲了戰略的關係，因爲以釣魚臺與基隆距離之近，正像在我們的臥榻之旁，無論爲日本所佔領或爲毛共所索去（田中與周恩來談過這個問題），都將成爲我們的心腹之患。

發揚辛亥革命精神

茶壺中不可能起風波，而海洋中是不能沒有風波的。風波雖險，但未必就能覆舟。這將由舟的本身條件來決定。我們已有七種關鍵性的地位，我們應該能夠預知變化，從而駕馭變化，進而利用變化，並發揚辛亥革命志士仁人大智大仁大勇的精神，以完成復國使命！

六十一年九月三十日　爲《聯合報》國慶特刊所寫

臺灣對中國前途所任的角色及其使命

今天座談的題目很重要，而且很引人入勝，方才各位先生所發表的高見，也都很有意義。各人的重點雖不同，但綜合起來，已經爲座談會的題目提供了完整的、很好的答案。其中王曉波和陳鼓應二先生所報告的基隆礦工遇難的情形，雖似一個不很重大的個人事件，但卻涉及社會安全問題，而勞工福利和社會安全，也應該是我們努力的目標。

此外，建國應有的重要原則，都經各位說到了，包括自由、民主、平等、富足、文化、道德等。但似乎沒有人提到和平。我現在參考這些意見，試爲今天總題的第二個子題提供一個答案，就是：一、中國將來應建成一個富強和平的國家；二、應建立一個安全平等的社會；三、應創造一種自由民主的生活方式。其中和平、平等和民主三原則尤爲重要。因爲不和平就不能富強，不平等就不能安全，不民主就不能自由。

這些當然祇是目標而已，如何達到這些目標，方法很重要，所走的道路很重要，因爲方法可以破壞目的，走錯了路便會背道而馳。而且古往今來多少志士仁人所創立的許多學說，自己都說爲的是要達到這些目標，但結果卻會適得其反，所以我們要善作正確的選擇。

我承認許多學說是好的，是可以並行的，但我要指出唯有共產主義是不能與其他學說並行的。我說這話，是經過了深長的考慮和體驗才說的，因爲我曾有三次機會和經驗：

遠在民國十三年，我曾經作過政治方面的選擇。那時百家爭鳴，有三民主義，有共產主義，有國家主義，有社會主義，有無政府主義。我準備投身革命，乃在三民主義和共產主義二者之中作選擇。我發現共產主義不能解決中國問題，所以擇取了三民主義。

但是共產主義對於我這當時二十多歲的青年仍有很強的吸引力。誠如方才一位先生所說，它的名稱就很動人。何況三民主義中還含有共產主義的一些成分。所以我在民國二十五年留學回國途中，取道歐洲，特地去蘇聯很虛心的考察了共產主義的「樣本」。我以三星期時間在莫斯科等地參觀了農場、工廠、學校和住宅等，以與我在美國哈佛大學所作書本的研究作一番印證，結果我還是認爲共產主義不能救中國。

到了民國三十八年上海撤退前，我又有機會作選擇的考慮。因爲做了八年的參政員，我認識了中共集團很顯赫的人物（因爲毛澤東、周恩來、董必武、鄧穎超等都是參政員），眞有如蔣總統所說：「在第二次大戰以後，戡亂的戰爭已進入決定階段的時候，我們政府中很多負責官員和一般人士，也不是不可能在共產黨和中共的口號下和他們妥協，而在大陸上那無異馬克思主義翻版的政權下獲取其個人的重要地位，但是他們毅然到了臺灣，繼續爲自由而奮鬥」（英文《讀者文摘》四十周年祝詞）。我也是其中之一，在上海撤守前三星期，我終於離滬來臺。

我的選擇一點也不錯，中共以及國際共產黨，直到現在還是違背我們上述的建國目標和原則，因為它是不富強的、不和平的（不和平就不能富強）、不安全的、不平等的、不自由的、不民主的。

於是我可以連帶答覆今天座談的第三個子題了。這就是「我們在建設新中國的過程中所處的角色以及我們在此生存和奮鬥的意義」，是要勉力做一團火種，把臺灣照得更亮，更光明，並以此吸引大陸的民心，照亮反共復國的道路。

至於最後一個子題：「我們應如何去做方能成功地達成我們的歷史任務？」我曾為《聯合報》國慶特刊寫過〈鞏固七大地位、知變、馭變、用變〉，這篇文章中所商討的就是這個問題。其中共分十二節：「一、變的特質，二、變的趨勢，三、試測四種變化，四、七個關鍵地位，五、怎樣鞏固政略地位，六、怎樣鞏固心理地位，七、怎樣鞏固攻守地位，八、怎樣鞏固經濟地位，九、怎樣鞏固權力地位，十、怎樣鞏固團結地位，十一、怎樣鞏固國際地位，十二、發揚辛亥革命精神」。

我所說的七大地位有如下列：

一、（基於）地緣的政略（戰略）地位；

二、（基於）政治的心理地位；

三、（基於）飛（機）潛（艇）的攻守地位；

四、(基於)均(允)(富)足的經濟地位；

五、(基於)知識的權力地位；

六、(基於)(佈)公(開)誠的團結地位；

七、(基於)(得)道(多)助的國際地位。(附註)以上括弧是現在增加的。

關於怎樣鞏固七大地位，我曾提出了十九點意見，可是限於篇幅，不便在此一一複述。

六十一年十月二十五日 在《大學》雜誌座談

馭變求變之道

自由世界最強大的盟主——美國，因其總統尼克森宣佈將於明年五月以前訪問中國大陸的共黨僞政權，已使時間演變到一個險惡而微妙的階段。

監察委員陶百川對本報記者表示：他對國事，從不悲觀，他始終認爲暴政必亡，民主必勝。不過，這位著名的現代御史強調：暴政必亡，民主必勝，祇是一個「信念」，不是一種「宿命」，所以必須靠努力以致之。如果我們坐著不動，自我陶醉，而不能拿出最大勇氣，運用最高智慧，衝破重重難關，爲國家開創新形勢和新局面，那麼國事就眞的不可樂觀了。

陶百川委員認爲：國家的前途與民族的命運如何，我們必須力行實踐蔣總統的提示：「莊敬自強，處變不驚，愼謀能斷，堅持國家及國民獨立不撓的精神。」

陶委員說，國際時勢的大變，都是多種因素累積的結果。我們如果因變起倉卒，驚慌失措，不能因變應變，無力制變馭變，必將爲變所淘汰。

那麼，處此大變劇變的險惡逆流中，我們如何愼謀能斷，處變不驚，進而自立自強，立於不敗之地？這位愛國憂時的民意代表提供了四點意見：

一、總統繼續領導，政院加重責任。
二、尊重人權自由，增補立監委員。
三、政風尙須改善，馭變尤當革新。
四、充實攻勢軍備，突擊引發突變。

陶百川接著加以說明，他說可惜時間匆促不能暢所欲言。關於「總統繼續領導，政院加重責任」。他說：總統一生辛勞，對國家的貢獻也夠多了，夠大了，現達高齡，應該讓他放下重擔，頤養天年。但現在國家開始進入重大時代，我們更需要他繼續領導。

他指出領導方式本有數種，做總統祇是其中之一，但這無疑是最有效的方式，過去如此，現在更甚。所以希望總統在本屆任滿之後明年能再當選連任。

於是陶委員主張行政院的責任應該格外加重。總統健康情形雖好，但不宜過分勞累。行政院如能多負責任，他就不會太辛苦了。好在我國憲法已把「尙方寶劍」給予行政院，它可「先斬後奏」。如此配合，理論正確，成效必人。

關於「尊重人權自由，增補立監委員」，陶委員指出有人認爲非常時期安全第一，那裏還顧得到人權自由。但他說唯其爲求安全，所以必須格外尊重人權自由。因爲這樣更能加強人民對政府的向心力而使團結更鞏固。

他引用一句古代名言：「城門閉，言路開」。這是說，古代時局遇有大變，朝廷例須下詔罪己，下詔求言，下詔求賢。現在面臨的奮鬥是長期的，是政治的，所以人心還是重要的。他說：「當然我不是無政府主義者，我是法治主義者，國家的法律必須貫徹，秩序也必須確保，但這些與尊重人權自由是並不衝突的，而是互相補益的」。

至於立監委員的增選和補選，他認為過去辦的範圍不夠大，人數不夠多，為了延攬青年才俊，為了加強立監工作，為了擴大民治基礎，為了保持國家法統，為了增加團結力量，他早就主張由臺灣、澎湖、金門、馬祖各地的選民和海外僑胞再行增選和補選立委和監委。

關於「政風尚須改善，馭變尤當革新」，陶委員說前一句的理由很明顯，國人說得已太多，不必贅述。但改善政風必須汰舊換新，此則難免牽涉到人事糾紛和法制變更，在這國家多事之秋，政府容或有所顧忌，不敢推行，但是如果因循敷衍，憚於改革，國家將因此而不能進步，如何能夠馭變求生！所以他仍應指出來促請各方注意。

關於「充實攻勢軍備，突擊引發突變」。這點涉及軍事，陶委員說他所知不多，但總覺得反攻大陸仍是我們的國策和出路，所以對大陸的軍事行動，甚至被動的因共匪之來攻而反攻之，以後應列為國是的優先，於是攻勢武器的充實格外急不容緩了。

六十年七月二十四日　原載《自立晚報》

改革政務以自強應變

在監察院之政治檢討意見

一、增強立監兩院。在法律上技術上及事實上考慮立監委員能否全部改選，如認爲暫不可行，則應迅辦自由地區及海外僑界之增補選。新選立委應有百人以上，新選監委應有三十人以上，皆稱爲第二屆。現任者由大法官會議解釋或由國民大會決議延長其任期，同時鼓勵其退休，新任者將來任滿如期改選。

二、由關稅法及預算法之修正，可知立法院已有對行政院授權應變之趨勢，以後關於經濟財政事項，凡不侵犯人民權利或違反憲法規定者，皆可授權辦理。而行政院亦應有責任的自覺，特立善斷，對上不過分勞累總統，對下不過分干涉地方。

三、司法院應自行調閱判決書，加強運用非常上訴，以平反寃案，並督促行政法院注意保護受害人民之權益，以申張公道，化解戾氣。

四、考用合一及人事改革，已見成效，但考試科目尚可簡化，放榜期限尚應縮短。薦舉制度，非不可行，機關幕僚如秘書長等，自應由其長官保薦，上級不應干涉。但薦舉範圍不宜過廣，人數不宜過多，以杜倖進而端士風。軍公教人員爲國家之棟樑，俸給尚不能養廉，應再增加。

五、中央與省以及省與縣市之間，在民財建教方面機構重疊，權責混淆，人力靡費，時效延誤，亟應改善。因思中央與縣市皆爲「實級」，有其不可諉卸之權責及任務，而在幅員甚小之本省，省政府之任務似可分別劃歸中央或縣市，庶幾因管理層次之減少，政府及人民較能迅赴事功。

六、選舉爲人民參政之主要途徑，必須做到表達民意及選賢與能。故競選費用應有限制，收支帳册應准選民檢閱，以杜賄選及浪費。開票所及開票時應准競選人分別派人視察，每人每處可派一人，以期由公開而臻公平。

七、國奢示之以儉，建設亦足喪邦，長城運河覆轍可鑑，故不獨機構尚應簡化，開支大量削減，即使遠景頗好而並不急需之大工程或新建設，亦應縮小或緩辦，以其資財增強救國救命之海防及空防。試想新式戰鬥轟炸機每架賣價高達三百五十萬至五百萬美元，吾人何忍以有限之金錢消耗於不急之務！

六十年十二月　在監察院檢討會發言

預測東北亞六十一年將有大變

監察委員陶百川爲本報記者展望民國六十一年的國際局勢時，首先對世界有三個危險地區作一分析。第一個地區是「歐洲地區」：由於美蘇二國限制戰略武器談判已有進展，所以他認爲歐洲地區可望繼續趨向穩定。

第二個地區是「中東地區」：由於以埃雙方停火已久，過去都沒有大規模戰事，所以他認爲今後局勢仍然不會有大變化。

第三個地區是「東南亞地區」：因爲美國軍隊大規模撤退，所以他預料高棉、越南、寮國雖仍有戰事，但這些戰事祇是局部性的，不會具有世界性的重大意義。

以上這三個地區不可能冒出大變化，這是他個人的綜合觀察。但是在「東北亞」，他認爲這個地區今後將成爲世界強權權力鬥爭的焦點，大規模的權力鬥爭將集中於此，國際局勢將以此地區爲重心，醞釀重大的變化。

東北亞地區局勢的新發展，其中將包括：蘇俄與毛共的關係、美國與蘇俄的關係、蘇俄與日本的關係、日本與美國的關係、日本與毛共的關係、美國與毛共的關係，以及美日與我國的關係。這種關係是錯綜複雜的，隨時都有發生重大變化的可能。此種變化勢必對國際局勢發生重大的影響。

在這種可能的變化中，有鬥智，也有鬥力。我國首當其衝。我們應如何應付變化，利用變化，減少變化對我的損害，增加對我的有利情勢？我們必須發揮最高智慧，堅定決心，作多方面的努力奮鬥。其中最具關鍵作用的，當推改革政務。政府應繼續改革政務，以自強應變。

最近各方面對於增強立法院和監察院功能這個問題，討論的很多。陶委員認爲，討論這個問題首先應考慮在法律上和事實上能否全部改選。如果認爲暫不可能，那麼就應該迅速辦理自由地區和海外僑界的增補選。新選的立法委員人數，應有一百人以上，新選的監察委員人數應有三十人以上，都稱爲第二屆，以示與第一屆者有別。

現任的立監委由大法官會議解釋，或由國民大會決議延長其任期，同時鼓勵其退休，新任者將來如期改選。這樣自能發揮新陳代謝的作用，爲政治帶來活力。

選舉是人民參政的主要途徑，必須確實做到表達民意和選賢與能的基本目標。但是現在的選舉，往往需要一大筆競選費用，財力雄厚的競選人佔了便宜。因此陶委員建議，競選費用應有嚴格限制，收支帳册應准選民檢閱，以杜賄選和浪費。至於開票所及開票時，也應該准許候選人分別派人視察，每人每處可派一人，這樣必能由公開而公平，建立更清明的選風。

六十一年　原登《中華日報》元旦特刊

國是問題轉變中的方向

大道以多歧亡羊，學者以多方喪生。學非本不同，非本不一，而末異若是。惟歸同反一，為亡得喪。

——《列子》〈說符〉第八

自從尼克森總統宣佈將訪毛共以後，國際形勢開始發生變化，強大如蘇聯，也不能不因而震驚，急謀補救，我國首當其衝，自更須馭變求變。「物競天擇，適者生存」，我們也得「現實」一些了。

可是，變有變的難處，並非一定「變則通」。而「藥石亂投」、「築室道謀」，且往往誤事。上引《列子》所述心都子的一段話，便是很好的說明。那段話的背景是這樣的：「楊子之鄰人亡羊，既率其黨，又請楊子之豎追之。楊子曰：『嘻！亡一羊何追之者衆！』鄰人曰：『多歧途』。既返，問獲羊乎？曰：『亡之矣！』曰：『奚亡之？』曰：『歧途之中又有歧焉。吾不知所之，所以返也』。楊子戚然變容，不言者移時，不笑者竟日。」

一

回到本題，首看外交。

我們的外交一直是走民主世界的路線，而且往往以美國的「馬首是瞻」。這條路本來不錯。可是現在美國卻中途變節，想要私通毛共，而毛共乃是我們的仇敵，於是我們不能不「戒愼恐懼」，有人因而要求變通一下，甚至主張試走共產國家的路線。

我的一位同事最近撰文公開呼籲：「我認爲處現在多變的世局，此種（多邊外交）做法甚爲重要，亦可謂是進步的想法，但周部長所指的多邊外交的對象，照我所知，係限於民主國家的範圍，我認爲進步的腳步還不夠大，應該更前進一步。……甚至共產國家，我們也不妨與它加強外交關係」。

但我認爲我們還不到那個時候，也不具備那樣做的條件。因爲所指共產國家，當然是指蘇聯，至少把它包括在內，可是南斯拉夫何以必須脫離蘇聯集團，改走中立路線？捷克何以要求自由而不得，反而從一九六八年來一直爲蘇聯軍隊所佔領？阿爾巴尼亞和羅馬尼亞何以敢冒大不韙而圖與毛共結盟？波蘭和匈牙利何以要在一九五六年先後起義而迄今尚呻吟於異族鐵蹄之下？蘇聯對東德比較客氣，可是後者那有獨立自主之可言！將來不是殉葬，就是被棄。毛共是蘇聯所生和所養的，現在反咬一口，也自有不得已的原因。然則我們能與共產國家共存共榮麼？我們願做它們的衞星麼？我們能走中立路線麼？

二

美國有些做法實在使人氣憤，令人寒心。一家外國通訊社一個月前曾經報導臺灣有反美情緒。我認爲並非無中生有，但情況並不嚴重。至於政府和社會負責人士則「莊敬自強」，「處變不驚」，「愼謀能斷」，「持其志毋暴其氣」，所以，中美關係尚未惡化。

我國爲應付美國新經濟措施，曾訂定了三項原則，這雖是屬於經濟的，我以爲也能反映我國的外交立場。要旨如下：

一、我國經濟的持續發展，主要是因我貿易的不斷推進，而對外貿易總額，美國佔了三分之一，因此新臺幣仍須與美元密切聯繫。無論美元是否貶值，我國應維持現行滙率，這就是隨美元而作因應措施。祇有這樣才有利於我產品的增加輸出和擴張生產。

二、我國對外的多角貿易應迅即展開，以免在這變化之際，仍偏重美、日地區，使對外貿易呆滯。

三、新臺幣幣值一向穩定，幣信亦固，如果因對美滙率不變，而可能影響我國國內的物價波動，除應密切注意並採行經濟手段予以穩定外，應加緊籌備對於物價的管制計畫，必要時付諸實施。

如果把這些經濟的應變原則應用於外交，我以爲應付中美外交新形勢的方針，似可包括下列三項：

㈠由於中美是同盟國，由於中美有深厚的友誼，由於中美沒有永久的嚴重的利害衝突，由於美國是民主國，雙方執政當局不可能以一己的私見或私利把外交政策作大幅度的修改，所以中美兩國仍應也仍能互助互諒，勉爲好友。

㈡但是，把全部鷄蛋都放在一只籃子中，總是有點冒險的。所以我們不宜以美國爲趙孟，隨其俯仰，恃爲貴賤。正如多角化貿易，我們在外交上應該遠交近親，多結與國。但我們不宜對共產國家存幻想。

㈢好像經濟問題，我們要發展國際貿易，以促進經濟成長，先決條件是物美價廉，而這不僅是貿易問題，也有賴於資本、原料、勞力、技術、設備和管理等多方面的改進，以及政治的清明和效率，這就涉及一般的經濟和政治問題了。外交也是如此，所以說：「外交是內政的延長」。下文當再詳論。

三

寫到這裏，接閱九月號《東方》雜誌何應欽先生〈建國六十年憶受降〉，寫得悲壯和眞摯。我抄下他這幾句話，作爲我這個老朋友對美國老朋友的勸告：「我們在美國歷來交往的朋友中，夠得上是一個老朋友，而且是一個最忠實可靠的老朋友。這一點，美國政府和人民，應該是不難體認得到的。因此，更進一步，我堅決的認爲，也誠摯的希望，無論國內外的情勢如何變化，美國無論如何，不應該也不能背棄我們這樣一個在過去、現在和將來，都與美國抱著一個共同理想的忠實盟友」。

美國老朋友請聽：中美關係現在可能會蹈四十年代中國大陸淪陷前夕的覆轍，你們的言行很重要，不可逼得我們歧途亡羊！

四

說到國是問題中的政治，頭緒紛繁，最近我曾提出下列四項：

一、總統繼續領導，政院加重責任。

二、尊重人權自由，增補立監委員。

三、政風尙須改善，駁變尤當革新。

四、充實攻勢軍備，突擊引發突變。

在這四項原則中，第一項似很單純，可是也有歧途。例如蔣總統明年再任總統，繼續領導，這是大道，如果改選而繼任人選不當，便是歧涂。此其一。總統繼續在位，同時加重行政院的責任，使它享有統治的實權，能負統治的全責，有如現代國家的內閣，這是大道；如果上不信任，下不服從，而它自身又是唯唯諾諾，不想負責，也必成爲歧途。此其二。

其次，關於人權自由和憲政民主方面，我們在觀念上（我說的是「在觀念上」）更是面臨歧途。有些人不能忘情於「寄內政於軍令」，或過分強調警察的功能，歌頌「寧可錯殺一百，不使漏網一人」。

但是他們似乎不了解或者故意不理會越南尚須在戰場上舉行大選，以改選國會議員和總統，而且力求選舉的民主。他們祇知道南韓大統領是一位「強人」，大刀闊斧，改革行政，可畏可敬，但是他們似乎不知道那位強人在如何尊重輿論和反對黨，因此對於政風革新，勤政愛民，格外不敢怠慢，銳意力行，以免反對黨和輿論藉口攻擊，而政治乃賴以進步，聲威也因而隆盛。

五

關於第三項政風的革新和改善，這本是危難時代所急需的，但也最爲姑息論調所迷惑或阻撓，現正面臨歧途。

最主要的姑息論調，是說「家醜不外揚」。本來照中國歷代的道理，國家遭遇災難，朝廷例須「下詔罪己」，「下詔求言」，所以有這樣一句古諺：「城門閉，言路開」。但是現在的姑息論者卻認爲對於時政的批評或檢討，都是暴露政府的毛病，足以影響民心士氣，足以挑撥政府和人民的感情，足以減少政府的威信，足以傷害國家的體面，因而指爲有利於叛徒的宣傳，而主張以黨紀國法甚至嚴刑峻法相對付。他們不肯在相對方面也想一想：「國家之敗，由官邪也」，「姑息養奸」，「涓涓不塞，將成江河」，「政治永遠需要批評」，「人民的眼睛是雪亮的」，而一時一刻的月蝕，無喪於其本身的光明。

六

這種姑息觀念和作風，最初萌動於少數黨政人員，爲害不會很大，但是大衆傳播工具，特別是報紙如果也傳染上了，則政府和人民無異失去了耳目，對政治的腐敗和危機，將會不見不聞，不識不知，到後來無動於衷，而最後是噬臍莫及。在這歧途中，我懷疑監察院還能有稍大一點的彈劾案，而貪瀆違失的官員大可高枕無憂了。

其次，我國應付國際變局的方法之一，是求國內經濟的穩定和發展，所謂「足食足兵，民信之矣」，這自是治國的大經大道，但是也會走向歧途，最顯而易見的，就是經濟官員爲保持經濟的成長率，將以大力引進外國資本，不惜予以種種特權和特惠。過去的殷臺造船公司案和慕華肥料公司案，投資的美商都是「一本萬利」，滿載而歸。我國經濟官員就以吸收外資的美名矇蔽上級，獲得特准。外資設廠本是經濟方面的一條歧途，因爲即使沒有勾結圖利，也足削弱民族資本的生機和力量，希望此後不要依賴更甚，遷就過分。

另一歧途，乃是爲保持成本的低廉，要格外限制員工的福利，遏制工資的調整。最顯著的例證，就是四年前政府所訂成年工人每月六百元的最低工資，內政部在一年前就已建議調整為九百元（即使這樣，每日也僅三十六元，每小時且僅四元半），臺灣省政府半年前就促請公布施行，我在監察院更不斷呼籲，可是我們的經濟官員還是視而不見，擱而不辦。難道真的要等羊都走失了，再來補牢麼！

七

最後說到上列第四項軍事問題，我所知太少，兩日前卻看到一則觸目驚心的新聞，說西德向美國定購F四幽靈式戰鬥轟炸機一百七十五架，價款合計七億五千萬美元，平均每架四百二十餘萬美元。折合新臺幣，每架一億六千八百餘萬元，一百七十五架的總數高達三百億元。國防如須現代化，幽靈式戰鬥轟炸機必不可少。我不知道我國外滙存底究有多少，能買多少架幽靈式軍機，但我敢說買起來一定非常吃力。所以我們要生存，不獨財政支出的標準和軍費分配的重點都須重新調整，就連國民生活的方式也得改變和協調。這是國是問題轉變中方向的一端。

方向是最重要的，因為「差以毫釐，謬以千里」。面對世界的變化，我們要變，但是不要弄錯或迷失了方向。

六十年九月三日

這是什麼時代？我們怎樣應變？

《聯合報》囑我就中華民國建國「六十年代」撰文展望國事，我想討論一下這是甚麼時代以及我們怎樣應變。

一

首先，我得承認這是「談判的時代」。我雖然很不願意重述，但我不能無視，美國總統尼克森一九六九年一月二十日就職宣言所說的：「經過一個對抗的時期，我們現正進入談判時代」。也許事實眞是如此，也許尼克森的話發生了啓示作用，一連串世界規模的談判，兩年中陸續的開始或持續，幾乎形成時代的主流。

有關越南戰爭的巴黎談判，在詹森總統時代木已開始，而尼克森則更以撤兵來大力推動。甚至美國的進兵高棉和最近的轟炸北越，也可視爲促進談判的手段。

美國與毛共的華沙談判，也因尼克森的安撫姿態而恢復，後雖停頓，但仍在暗中摸索，力求重開。

美蘇限制戰略武器的談判，進行雖很遲緩，但展望並不太壞。最感棘手的中東戰爭，美國用足威脅利誘的力氣，也終於使雙方坐下來談判了一陣，目前正在努力促其恢復。

西德和蘇聯的談判，最使人刮目相看，因爲雙方不獨認眞的談判，而且已經產生一個互不侵犯條約。

最可驚異的，乃是西德和波蘭的談判及其產生的條約，因爲西德不惜承認雙方現有的國界，因此喪失了戰前四分之一的疆土。

西德和東德也談判了一陣，看來還要再談。

柏林問題是歐洲的「火藥庫」，過去談了多次都沒有結果，現在既是談判時代，自然也得再談。

「談談打打」本來是共產黨的看家本領，所以毛共和蘇共的邊界衝突，已從戰場進入會場。現在雙方互派大使，加強貿易，談判雖未能消除對抗，卻已使局勢和緩下來。

二

談判時代的形成，不是偶然的，乃是另有一種時代精神背景，依我之見，那就是「彈性主義」。由此所主導的時代，可以名之曰「彈性的時代」。

彈性是柔軟，但不一定是懦弱。好比一條橡皮帶，它可以被拉長，但它也會縮回去。它不同一塊石頭，後者是沒有伸縮性的。所以彈性不一定是個壞名詞。

人們總以爲彈性乃是西方文化的產品，爲中國文化所不取。其實中國的古訓也有主張彈性主義的。例如「隨機應變」，「見機而作」，「因勢利導」，「通經達權」，「適可而止」。

彈性主義乃是機會主義，而機會主義則是現實主義。所以彈性的發展，離不開現實和機會。現實變了，機會去了，應付的方法也得隨著有所修正。

英美民族是最富於彈性的。英國從第一等強國退爲第二或第三等國家，而安之若素，也是由於客觀的事實，這且不談。第二次世界大戰後，美國代替英國「挑起白人的擔子」，一九四七年創立援助希臘和土耳其對抗共黨的所謂杜魯門主義和馬歇爾計畫，一九四九年與歐洲民主國家共同組成北大西洋公約組織，次年又有所謂國家安全會議第六十八號文件，準備每年以五百億美元的巨款，建立自由國家的強力地位，以共同對抗蘇聯。就在那一年，韓戰爆發，美國的共同防禦範圍更擴及亞洲，而以一九六四年的參加越戰爲其頂峯。

在那段對抗的時期中，有八年是由艾森豪總統和尼克森副總統當政的，他們對付國際共黨的方略，其執拗和強硬，一如民主黨。可是一到一九六八年尼克森當選總統，情形就大變了。隨著所謂談判時代的開始，他在國際事務方面的做法，比詹森總統更富於彈性。越戰美軍陸續在撤退，駐泰國的和駐南韓的美軍也相繼減少，琉球決定交與日本之後，駐日美軍又將撤退一萬五千人。此中原因，據尼克森總統自已解釋，不是他本身有了甚麼變化，而是因為時代和現實已經變了。

國際共黨也非例外。「形勢比人強」，這本來是史達林的名言，「敵來我去，敵去我來」，共產黨本是十足的現實主義者、機會主義者或彈性主義者。

三

可是「大丈夫能屈能伸」，彈性本來不是懦弱。尼克森總統的就職宣言，祇說：「經過一個對抗的時期，我們現正進入談判時代」。但他沒有說過要以談判代替對抗，有如一部分人所解釋的。以他的行動來解釋他的意思，我有理由相信，他是主張談判和對抗同時並進。而事實也是現在不僅是談判的時代，也是對抗的時代。

越戰雖在談判，然毫無進展。國際共黨決不讓美軍能夠一走了事。雙方縱無大戰，但對抗勢必持續。

美毛華沙談判尚無重開跡象。蘇毛關係愈密切，美毛距離將愈遠。

美蘇仍將對抗下去。蘇毛的言歸於好，英國保守黨的上臺和戴高樂的去世，使美蘇雙方各自減少了內顧之憂，美蘇的對抗自將長期化。

美蘇重趨兩極化，美在東方為對付毛共，勢須修補籬笆，以免對方有洞可鑽，至在歐洲則已決定暫緩撤兵。可知世界規模的對抗局勢仍將持續。

但以核子戰爭殺傷力之大，美蘇雙方都不敢輕走極端。甚至對其他國家的傳統式武器的小戰爭，美蘇的援助都適可而止，竭力避免導致兩國的直接衝突。所以國際局勢仍是冷戰不已，但是也不會有清算式的大戰。

四

這樣的國際局勢，對我國雖無大害，然時間的拖延，對我國究竟不利。除非能早日反攻，打破僵局，我們面對這個相持局面，便須妥籌持久的方略。試就外交和內政兩方面各陳一策。

談判時代，首重外交。辦好外交，端賴人才。但人才並非萬能，長於軍事者，未必長於外交。能辦財經者，未必能辦外交。而且弱國的外交乃是一場「鬥爭」，持盈保泰的人，謹小愼微的人，都不能勝任。外交兼管僑務，所以好擺官僚架子的人，不能親近僑胞，因此也不能辦外交。外交不能僅以對方外交人員爲對象，對方的國會議員、新聞記者和文化界人士都須廣泛接觸，因此言語不通的或知識淺陋的，或精力不勝繁劇的，都不宜充任外交大員。於是可用的人豈不太少麼？則當廣開門戶，放大圈子，四處訪求，三顧茅蘆，則人才固尚不可勝用也。

謀國之道，首在得人，而謀國之忠，必須下人，此卽孟子所謂將使卑逾尊，疏逾親；我以爲還須恕逾恩。可是我們能有這樣的氣魄麼？

五

其次，外交是內政的延長，而外交戰乃是國力的總體表現。所以即使爲了辦外交，也必須辦好內政。

內政之道，千頭萬緒，而團結乃其基礎。

我們的政府與人民，國內與海外，一團和氣，萬方歸心，以言團結，比之任何他國，並無遜色。然而仍嫌不夠，仍須戒愼！因爲一個皮球的一個小孔，能夠使打進去的空氣慢慢洩盡。

請容我講一點點的理論（academic），（我說的是理論，並非有所專指）：要保持和增進團結，必須「開誠心，佈公道」，而且必須雙方都能開誠佈公，單憑一方是不夠的，可是因爲政府處在領導者的地位，必須採取主動。

也請容我觸及一個實際問題，就是：爲了充實和擴大團結的基礎，也爲了推動和增進內政的興革和力量，政府似乎應該考慮讓自由地區的選民和海外的僑胞能有更多的代表參加中央民意機關，特別是立法院和監察院。我以爲不妨仍用增訂臨時條款的方式來規定增選或遴選（適用於僑胞）一批新的立監委員的辦法。這將有百利而無一害。

六

時間對我們雖不利，然對毛共更不利。我們雖有困難，但沒有危機，而毛共則危機四伏，後患無窮。所以我們沒有悲觀和沮喪的理由。但是面對這個談判和彈性的時代，我們必須思患預防，格外奮勉，以對抗可能發生的突變。

五十九年十二月十七日

政治革新的先決問題

一、外交以人事爲先。面對彈性和談判的時代，我國外交工作將更重要而更困難。現有使領人員如有才德不稱，或人地不宜，或言語不通，或學識淺陋，或持盈保泰，都須大力調整，務使適才適所。

二、內政以團結爲先。團結必須「開誠心，佈公道。」但僅靠政府開誠佈公是不夠的，人民對政府也須開誠佈公，不過政府處在領導地位，尤須採取主動。

我主張增訂憲法臨時條款，由自由地區人民再增選，並由海外僑胞遴選一批立監委員，並規定大陸選出在臺委員將來出缺，概由自由地區和海外國民選舉補充。此法可以擴大民主基礎，永保政治活力，也是鞏固團結的一種辦法。

三、便民以簡政爲先。一要減少管制，現在貿易方面已有好的開始。二要按職授權，禁止上級人員任意干涉或困擾。三要分層負責，禁止主管人員任意向上級請示。四要減少疊床架屋的機關，尤以執行方面爲然。五要減少警察負擔，例如戶政可歸民政管理，違警可處罰金，避免拘留，並尊重違警罰法上的訴願制度，以資救濟。六要減少三審案件，並加強貧民訴訟輔導。

四、愛民以節用爲先。人民稅捐負擔的增加速度超過了國民平均所得。政府必須力求節約，少做不急之務。例如目前本省尚有一萬餘班國小學生六十餘萬人，因爲缺少教室不能全日上課，貧民區的情形更不堪看，國民住宅徒託空言，我們何忍在衙門和官舍的建築和設備上踵事增華以浪費民財呢！

五、正風以明恥爲先。「廉吏可爲而不可爲」，「直如弦，死道邊，曲如鈎，反封侯」，乃是官場之恥；「錢可通神」，「笑貧不笑娼」，乃是社會之恥；「笑罵由人，好官我自爲之」，乃是士大夫之恥；而「士大夫之無恥是謂國恥」；毛共不除，國土未復，而歌舞昇平，更是奇恥。此風如何糾正，大家首須知恥，而知恥則有賴於明恥。明恥之道，言教爲先，身教爲重，而負有領導責任和具有影響力量的各級政府大員，尤須將知恥明恥的精神和作用在用人行政中表現出來，不徒託空言！

以上是我五十九年十二月二十一日在監察院檢討會發言的大意，以下是全部紀錄：

一

主席：請陶委員百川發言。

陶委員百川：主席，各位同仁：我們這次年終政治檢討，大家的心情比較往年沉重，這不僅是因爲今年聯合國大會對於中國代表權的表決使我們遭受挫折，使今後我們的外交情勢格外困難，也是鑑於本院內部的情形。雖然剛才金委員說：我們的成就還不錯，有相當貢獻，但是眞正說起來，總不免江河日下。例如這一年來，朱委員宗良、康委員玉書和黃委員寶實三位先後去世，而我們的年齡也越來越大，精神越來越差。我想這是我們大家心情沉重的最大原因。可是監察委員的責任一天沒有解除，我們還是要盡一天的責任，其中最重要的就是言責。

今天是檢討政治，我強打精神就我個人所知，本著我的責任，陳述幾點有關政治革新問題的意見。至於不便在這裏公開檢討的問題祇好從略。卽使我所說的也有一些不一定適宜於對外發表新聞，希望本院發新聞稿的同人和在座的記者先生，自己斟酌一下。

今天我檢討的重點是「現階段政治革新的幾個先決問題」，也就是本著總統所昭示：政治要革新再革新，而提出來的幾個基本的先決問題。

二

第一、我說：外交以人事爲先。談外交一定會想到外交方針、外交策略、外交經費和外交人事。但在今天，在這四者中，我覺得外交人事是先決問題。因爲如果人事不適當，我們卽使有更多的經費和更好的方針或策略，也不能達成我們的外交任務。

我們看看外交人事方面，尤其是派到國外去擔任使領的人，有的本來已經功成身退，持盈保泰，不能再做繁劇的工作，政府不宜再派他們去擔當重任，到外交前線上去作戰。有的人官僚架子很大，而叫他到外國去領導僑胞，並與外國議員和新聞記者打交道，試問如何會做得好！還有外國語文不通或學識很淺陋的，政府也不宜派去擔任合縱連橫的工作。這在太平時候還可以，但在今天這樣艱巨的環境中，我們應該立下大的決心去調整這些人事，務使能夠「適才適所」。

甚麼是「適才」？就是要用有才能的人，而且要有的確適合外交方面的才能。甚麼是「適所」？就是派去的人，要適合那邊的環境。換言之，適才是用其所長，適所是人地相宜。而事實上有些人用非其才和人地不宜，那如何能勝任愉快呢？但是，誠如孟子所說，爲國用賢，實在是不容易的，也是不得已的。因爲要用賢，就得不用親近的人，而用疏遠的人，不用尊貴的人，而用低微的人，甚至不用有恩於我的人，而用有怨於我的人。我希望政府能有這種氣魄來用人，能下決心來革新外交人事。

三

第二、外交是內政的延長，外交戰是整個國家力量的整體表現。外交人員雖有三寸不爛之舌，如果國力太差，國家聲譽不好，他也無所施其技。所以外交以內政爲基礎。談到這裏，我要提出第二句口號：內政以團結爲先。

中華民國的團結情形之好，絕不下於任何其他國家。人民擁護政府，政府也愛護人民，因此造成團結的好氣象，我很高興看到這樣團結的局面。但是我覺得我們仍當小心謹愼。好比一個打滿了氣的皮球，如果被針戳了一個小孔，這個孔雖然很小，但是整個皮球的氣就會由此慢慢洩盡。現在我們不要以爲上下團結得很好，還得念玆在玆。如果疏忽了，一點小毛病就能逐漸影響整個的團結。

如何鞏固和加強團結呢？我舉出中國傳統文化的六個字：「開誠心，佈公道」。簡單說，就是開誠佈公。但這不是單方面的事，就是不僅政府要開誠佈公，人民也要開誠佈公，才能相生相成。不過政府居於領導者的地位，必須首先採取主動，時時以開誠佈公爲念，事事都做到開誠佈公，然後才能希望人民對政府也開誠佈公。

這是屬於理論方面的，現在再就辦法方面也貢獻一點意見。前幾天臺灣大學法學院的班級代表會邀我去演講，他們提出三個題目，中有一個是「中央級民意代表任期和新陳代謝問題」。我本來不想談這個微妙的問題，但是他們既然對這感到關切，我還是把我的意見告訴了他們。我說：替這個問題謀對策，必須要能兼顧兩個條件，也就是題目中所提出的：一是維持法統，所以現在的國大和立監兩院的人民代表仍須繼續行使職權；二是讓自由地區和海外的國民要有選舉和當選代表的機會，以促成三個機構的新陳代謝，長保政治的生機和活力。

於是，我主張增訂憲法的臨時條款，規定增加自由地區和海外僑胞的立法委員和監察委員的名額；自由地區的，當然應由當地的選民去選舉，海外的，如果不能辦選舉，可由政府會商僑團來遴選。此外，我還有一個大膽的建議，希望臨時條款更能規定：以前大陸選出而現在臺灣的立法委員和監察委員如果出缺，不論他的省籍，都准由自由地區和海外僑胞來選舉補充。

現在聽說有人主張由下次國民大會來改選或增補選立法委員和監察委員，我以爲這樣的變動太大，而且不能使自由地區和海外僑胞有選舉的機會，我以爲不是最好的辦法。

四

第三、現階段的政治革新，主要對象就是便民。上次我曾向各位提起，中央黨部派了三個小組到各處訪問，蒐集不便民的資料，以求如何能夠便民。我很支持這個做法。現在，我提出幾個比較基本的做法：

一要減少管制。我很欣賞經濟部國際貿易局現在繼續不斷減少對外國貨品的輸入管制，這樣，一方面可以顧到消費者的利益，一方面可以刺激國內產品的改進。我們知道，一經管制，有些不肖公務人員，就會利用管制，使人民感到不方便而趁機索取紅包。如果把管制減少了，誰又願意送紅包呢？但是管制，不僅在經濟方面要減少，就連內政方面，教育方面和交通方面，種種方面，都要減少，這樣不求便民而民自便。

二要按職授權和分層負責。你擔任了甚麼職務，就應該有甚麼權；你有了權就應該負責。這些都是老調。我想提一點新的意見，就是按職授權和分層負責要注意兩點：第一必須禁止上級人員任意指使或干涉下級人員職權內的事務，給他困擾。同時也要禁止下級人員就他職務上應該負責所作的決定而隨便向上面請示。

現在因爲上面喜歡管下面應該管的事情，所以下級稍微有一點困難，也樂得向上面請示。例如稅捐處辦一個案子，明明他自己應該可以決定的，爲了怕事，就任意向財政廳請示，財政廳也居然接受下來，加以指示。財政廳本來有權決定的，但也向財政部請示，財政部也居然接受下來，甚至可以決定的，也向行政院去請示。於是事情就拖延了，時間就拖長了，而紅包也就不得不來了。所以我說要便民必須禁止上級的干涉或下級的任意請示。

三要減少違警罰法的困擾。最近立法院和省議會都有廢止違警罰法的呼聲。本院在九年前曾經請求大法官會議解釋違警罰法是否違憲。在這個問題沒有澄清以前，我站在便民和愛警的立場，希望警察當局對於違警案子儘先裁處罰款，儘可能避免拘留。因爲該項拘留，可以裁決拘留七天，必要時可以延長爲十四天，而可以裁罰的行爲又很多，這不能不說相當嚴重了。其實違警罰法第四十六條定有救濟辦法，這是進步的規定。按第四十六條說：「不服警察官署關於違警事件之裁決者，得於接到裁決書後翌日起五日內向其上級官署提起訴願。前項訴願未經決定前，原裁判應停止執行」。這是說，違警的裁決，應該通知當事人，當事人可以在五天之內表示不服，提起訴願。這時，違警的人卽使已關在看守所，也應該把他放出去，等候訴願的決定。受理訴願的機關應在十五天內作決定，如果維持原來的裁決，警察機關不妨再把他傳來處罰。我覺得假使警務處能訂一個辦法，使能切實執行，就可減少違警罰法的流弊。於是在這國難期間，這個違警罰法，也許可以爲人民所接受。

五

第四、除便民之外，政府更要充分愛民。但愛民已是一句口頭禪，我要提出：愛民以節用爲先。許多不必要用的錢，就該不用，而把有限的財力，用之於與人民直接有痛癢關係的地方。我國是一個窮國家，人力、物力、財力都有限，假使任意浪費，人民的負擔就得繼續加重。政府如不愛人民，人民怎麼肯愛政府呢？

請看統計：五十八年國民生產總毛額，比五十七年增加了百分之十三點五，這是好的現象，表示我們的經濟發展在進步。拿這個國民生產總毛額變成國民總所得，五十八年比五十七年增加了百分之十一點六，這也不錯。但是國民在這個所得中繳給政府的稅捐是多少呢？五十八年比五十七年增加到百分之二十二點一二。國民生產總毛額，增加了百分之十三點五，國民總所得增加了百分之十一點六，而稅捐總數，卻增加到百分之二十二點一二，人民的負擔顯然太重了。

這是總數，看不出每個人的情形，我現在再把總數和老百姓人數來平均一下，就是說，以五十八年的三項總數，分配給一千四百萬人民，每人應有多少。我不便報告數字，仍說一個比例數。這樣，平均每人的生產毛額，五十八年比五十七年增加了百分之十一點零五，國民所得增加了百分之九點三七，但是每人所繳納的稅捐，卻增加了百分之十九點三七，這也就是說，五十八年平均每一人所得一百元中，有二十三元要繳作稅捐，即佔收入的百分之二十三，而五十七年還祇是百分之二十一點二（稅捐大部分雖由工商界付出，然卻被轉嫁在物價中而由人民大衆來負擔）。

我們再看看人民的生活情形，姑以建築和住的情形而論，國民義務教育現在已延長到九年，但各位知道全臺灣國民學校還有一萬多班約六十餘萬小學生，因爲缺少教室，還不能全天上課，祇能上半天課，必須再造五千多間教室，要花五萬萬元，才能解決，然而政府一時還做不到，因爲我們的錢用在別的地方太多了。

最近新竹議會有一位議員質詢：一所國民中學有一千學生，但厠所祇有一個，糞坑祇有十個，顯然不敷使用，因此聽說有些學生早上不敢喝牛奶，因怕沒有厠所去小便，可謂慘矣！此外，我有一位老友，十五年前出國，最近回到臺北，看了高樓大厦，認爲很進步，但再看了貧民居住的情形，認爲進步太少。我很有同感。我們雖有建築國民住宅的計畫，可是徒託空言。最近看到臺灣省政府的社會福利預算，總數是四億元，而用之於貧民住宅的修建的，祇有一千八百多萬元，平均每鄉鎮僅分得三萬多元，眞所謂「杯水車薪」。

可是用於建築官衙或首長官舍的錢，卻並不缺乏，而且踵事增華，不像一個窮國所應有。而且最近聽說臺北縣政府和臺中縣政府都要遷署，臺灣省政府也有遷到臺中市的傳說，看來又非花十餘億元經費不可，自然又須增加人民的負擔了！

第五、最後我要提出另一先決問題，就是：正風以明恥爲先。我國現在尚有一部分現象，可謂是非不分，恥辱不明。例如「廉吏可爲而不可爲」，「直如弦，死道邊，曲如鈎，反封侯」，這是官場之恥。「錢能通人」，「笑貧不笑娼」，這是社會之恥。「笑駡由人，好官我自爲之」這是士大夫之恥。而「士大夫之無恥，是謂國恥」（顧亭林）。現在毛匪未除，國土未復，而竟歌舞昇平，幾忘在莒，更是奇恥大辱。這種官場風氣、社會風氣和士大夫風氣，要如何挽回過來？那當然先要知恥。然而很多人竟不知恥，則惟有希望各界領導人物設法明恥。明恥之道，言敎爲先，但尤須身敎，並要把知恥明恥的精神做法和作用在用人行政中充分表現出來。

我舉一個淺顯的例子，就是現在色情氾濫，淫風熾盛，簡直不像是在有五千年文化的國家。可是那些茶室、酒吧、酒家、舞廳、夜總會、咖啡廳，甚至妓館，都是政府發給牌照，准它們公開營業的，政府對大的公私賣淫的營業，每年還公開收取所謂「許可費」，有高達三十萬元的。在這歪風之中，僅是知病知恥，尚有何用！所以我今天不得不強調明恥的重要，並呼籲各級政府人員要把知恥明恥的精神，做法和作用在用人行政中表現出來，而不可再徒託空言了！

五十九年十二月二十一日

六

臺灣的應變與展望

蔣總統經國先生逝世以後，海內外同胞一則深感哀慟，二則對今後政局的發展備極關懷。

站在一個政治新階段的起點，如何妥善籌謀，以奠定民主憲政更堅實的基礎，無疑是當前最迫切而重要的工作。本報有鑑於此，特邀請臺北、紐約、香港三地意見領袖，以「經國先生辭世後臺灣的應變與展望」為主題，舉辦聯線座談會，期能借助他們的智慧，促進政治的安定和成長。

座談會紀錄文長近三萬字，昨今兩天刊出。

紐約座談部分已於昨日刊出，今天續刊出香港、臺北座談內容。以下是陶百川先生的發言大意。

（《聯合報》記者）

從國民黨的運作調整，看民主化前景

陶百川：執政黨內民主的方式，我看國民黨將會繼續實施「民主集中」。這在國民黨行之有年，經驗豐富，運用圓熟，而且頗有彈性，可隨環境而妥爲適應。但在最近將來，民主將超過集中，在立法院黨團與中央黨部政策會的關係上，這個趨勢將尤其顯著。這是一個好的發展。

國會改革與社會力的整合

陶百川：政治資源重分配與民意的調和，我以爲必須實施民主政治，目前最重要的課題是改造國會和辦好選舉。關於國會改造，我主張先改造立法院，在最近將來的選舉中，大量增加新委員，務須將其人數超過那時尚剩的老委員，以顯出新的立法院的本土代表性，並增強功能。現在有人主張，新委員(增額委員)的人數不得超過一百七十人，我以爲不必如此拘泥，而須看那時資深委員是否少於一百七十人。我以爲增額委員人數只許超過，不得少於資深委員。在五年後新委員任期屆滿時，可與國大代表和監察委員一律改選，那時阻力就較小了。

但國會的改組是否就能實現民主化，則尙須取決於選舉能辦得公平、公正和公道，杜絕賄選舞弊和暴力使其眞能選賢與能。否則如果選出一批政客或金牛，民主勢必有名無實，拒虎而進狼。

憲政體制下總統與內閣之調合與權責分際

陶百川：憲政體制下總統與內閣的調和與政治責任，我以爲可以取決於現行憲法及其動員戡亂時期臨時條款的一部分規定。時賢喜歡討論我國政制究竟是內閣制或總統制。我以爲兩者都不是，而乃是五權憲法制。至於臨時條款，現行條文是十一條，我以爲不可全廢，但只須保存半數，也就有利無弊了。

國家認同與民主定位

陶百川：我以爲人民必須認同國家，自由民主必須定位在這個前提上。所以人民如果從事於分裂國土或破壞國體，例如臺灣獨立，那固然構成叛亂罪，即使以言論文字或圖畫公開鼓吹或煽惑內亂，也是罪有應得。

（附載一）唯有和平演變能救中國

——一封給陳雲、薄一波的公開信

千家駒

陳雲、一波同志：

許久不見，身體可好？

我是一九八九年七月來到美國的，有兩年多了。我此次來美，與八九年天安門事件並無牽連。我既未參加天安門的羣衆運動，亦未在任何支持民運的文件上簽過名。但是我不能同意北京當局以坦克機槍對付手無寸鐵的羣衆，這不但在國民黨統治時代所未見，即北洋軍閥政府亦所未聞。所以我在「六四」的第二天，給任仲夷同志寫了一封信，請他轉告廣東當局「要保持清醒理智頭腦，對學運採取克制態度，爲廣東人民留一線之生機。」我因家住深圳，經常往來於香港深圳之間，恰好美國有一學術團體邀請講學，我就來到美國了。

抵美之後，客居洛城，書生報國無門，只有以文字表達心情。我又發表了幾篇文章，評論中國的經濟形勢與毛主席不正確的對待智識分子政策所造成的惡果。不料以此觸怒北京當局，於今年三月撤銷我的全國政協常委職務。這對我倒是件好事，因爲這使我可以放下包袱，暢所欲言。來美兩載，觀感所及，不無一得。在中共領導人中，只有你們兩位是比較了解我的，故略陳所見。

你倆知道，我是以畢生精力從事馬克思主義經濟學之研究的，自信對馬克思主義尚有一知半解。我認爲馬克思在《資本論》中所解剖的資本主義，不過是資本主義的初級階段，資本主義也是在不斷演變、發展，以適應時代要求的。現在的資本主義，既不是馬克思十九世紀的資本主義，也不是列寧在二十世紀初所講的壟斷資本主義，更不是史達林二次大戰後在《蘇聯社會主義經濟問題》一書中所武斷的兩個世界平行市場的資本主義。這是一種新型的含有許多社會民主主義因素的資本主義。先進的資本主義國家，課重稅於資產階級，用之於失業者救濟、老人、殘廢者、兒童的福利待遇，遠遠超過社會主義國家。資本主義還有它強大的生命力，決非毛澤東主席所形容的「日薄西山，氣息奄奄，人命危淺，朝不慮夕。」其次，這些年科技的發展，眞可說是一日千里。如果說十八世紀的產業革命是以機器代替人的雙手，因而使生產力提高幾十倍，幾百倍；那麼，二十世紀八十年代的電子計算機則是以電腦代替人的頭腦，這在人類的生產發展史上是比產業革命還要偉大深刻的革命。在本世紀初，美國還要以四〇%的人口從事農業，現在用不到二%的人，就生產出足以供給二億三千萬人口的糧食而且還有剩餘出口。目前，電腦已進入人們的日常生活中，在美國，沒有電腦的基礎智識，休想到超級市場當一個普通的店員。科技的進步，改變了世界，亦改變了資本主義的運行規律，過去我們總認爲資本主義是盲目生產，而只有社會主義才有計畫經濟。其實完全不是這麼回事，資本主義大企業沒有不是計畫生產的。它們對於世界市場的情況，它的產品在世界市場的地位，消費者的趨勢，對花色、品種的選擇、愛好，無不要作精密的調查。因爲如果產品沒有人要，企業就要破產，這是關係到投資者身家性命的事。反之，社會主義國家的所謂計畫經濟，靠每年一度的計畫會議來制訂一年或五年計畫，憑長官意志行事，不顧客觀經濟規律和市場供求狀況，與消費者脫節，產品積壓、損失反正是國家的，才眞正是盲目生產。我國產品積壓嚴重恐怕在世界上是首屈一指的。我認爲：市場經濟不一定意味着資本主義，而計畫經濟也不一定意味社會主義。

資本主義與社會主義並非絕對對立的，資本主義國家也有國營企業，但它們都要採客觀經濟規律辦事，一切應以能否提高社會生產力爲準繩。所以我是很欣賞鄧小平同志的「白貓黑貓論」的，認爲它是符合馬克思主義的。現在國內又掀起什麼要先問姓「社」還是姓「資」的謬論。那麼：「人民公社」分明是姓「社」的，而「包產到戶」是姓「資」的，我們爲什麼在改革開放後要廢除人民公社而實行包產到戶呢？須知客觀的經濟規律是不以人們的主觀意志爲轉移的，正如史達林所說，對經濟規律人們只能發現它，認識它，而不能改變它，或創造新的經濟規律。

以當年毛主席威信之高，憑主觀意志搞「三面紅旗」尚不免磕得頭破血流，難道還不值得我們深思嗎！

我始終認爲：「和平演變」是好事而不是壞事，「和平演變」者不通過暴力或革命手段而逐步改進也。資本主義要和平演變，社會主義也要和平演變，資本主義制度通過和平演變吸收了許多社會主義的東西，而社會主義制度也通過和平演變吸收了資本主義先進的東西，這有甚麼不好呢？現在國內一聞「和平演變」便談虎色變，聽說還要成立甚麼反和平演變的小組，眞令我百思不得其解。他們怕和平演變是怕社會主義演變爲資本主義。這眞是笑話！

如果社會主義制度眞有它無比的優越性，我們何必怕它和平演變呢？如果社會主義制度確有它的局限性或不可彌補的先天缺陷，我們欲求不和平演變亦不可得。這不是明擺着的嗎！

我國怕「和平演變」是建築在「帝國主義亡我之心不死」這一大前提上的。我國由於受了一百多年帝國主義的侵略，淪於半殖民地的地位，八年抗戰勝利後，又有三年解放戰爭，中共最後取得了勝利，統一了大陸。不久又有抗美援朝的戰爭。所以中共領導始終認爲：「美帝亡我之心不死」。毛主席在〈論人民民主專政〉一文中說，搗亂——失敗——再搗亂——再失敗，直至滅亡，這是反動派的邏輯。

到了六十年代，中蘇交惡，我們又認爲「蘇修亡我之心不死」。到了七十年代，中美建交，我們又聯美以抗俄，而美國亦以世界戰略關係，認爲蘇聯是美國的第一號敵人，中美携手，有利於世界局勢的平衡。中美蘇三角關係不斷地改變，從五十年代的中蘇同盟到七十年代的中美携手，是一百八十度的轉變。但自戈巴契夫上臺以後，美蘇關係緩和，冷戰時代隨之結束，世界形勢已發生天翻地覆的變化，而在中共領導人中，「美帝蘇修亡我之心不死」的舊框，卻始終沒有打破。到了今天，究竟誰要亡中國呢？是「蘇修」嗎？蘇聯今日自顧不暇，還那有亡中國的野心？是「美帝」嗎？誰也知道美國對我沒有領土野心，也沒有直接的利害衝突，所以我們今天不再說「美帝蘇修亡我之心不死」，而是說「反動派亡我之心不死」，或者如李鵬所說「國外敵對勢力亡我之心不死」。如何「亡我」呢，用武力侵略，不可能了，所以它們寄希望於「和平演變」，卽用和平方式變社會主義中國爲資本主義中國，因此我們要防「和平演變」，要反「資產階級自由化」，因爲資產階級自由化是和平演變的重要手段。

這一套理論，祇要稍具現代國際政治與國際經濟常識，就知道是不值一駁的。首先就是「『反動派』或『國外敵對勢力』亡我之心不死」，這一大前提便是錯誤的。今天「國外敵對勢力」究竟是誰呢？「美帝」、「蘇修」、「歐洲共同體」？都不像。那麼籠統地說，「國際反動派」或「國際壟斷資產階級」吧，它們亡我之目的究竟何在呢？

在二十世紀初葉與中葉，帝國主義都把中國當成一塊肥肉，因爲中國是廉價的原料市場、勞動市場，又是廣大的消費市場。所以它們你爭我奪，劃分勢力範圍，當時它們有不平等條約爲保障，中國的海關、銀行、交通、礦山都在它們手裏。帝國主義者剝削中國人民，榨取超額利潤，說它們「亡我之心不死」是完全正確的，但今天的形勢與過去已完全不同。今天中國已完全獨立，不平等條約已廢除，對於資本主義國家的投資，我們今天是求之不得，與抗戰以前對外資是拒之不能，完全不可同日而語。

改革開放以後，中國創辦了經濟特區，開放了沿海城市，其目的就是要利用外國的資金，它們先進的技術、科學的管理方法，以促進中國經濟的發展。

按和平演變者不用革命手段也，用革命手段便是用暴力來推翻一個政權，辛亥革命是革命，而康梁變法是和平演變。當年如滿清政府接受康梁變法，辛亥革命便不一定會發生。對滿清政權來說，辛亥革命好呢？還是康梁變法好？不是明如觀火的嗎？不用革命手段而用和平方法使一種政體或制度逐步改變，以適應時代要求，這就是改革。改革與和平演變是一回事而不是兩回事。

站在共產黨的立場，應該歡迎和平演變而不是抵制和平演變。和平演變是中國共產黨唯一的自救之道。

不走和平演變的道路有沒有呢？有的，那就是羅馬尼亞共產黨的下場。最近九二高齡的陳立夫在臺灣接見記者說，他這一生親自見過兩次「兵敗如山倒」，一次是北伐，北洋軍閥的軍隊兵敗如山倒，一次是抗戰勝利後，國共之戰，國民黨軍隊兵敗如山倒，其原因都由於喪失民心之所致。也許還可以看到第三次，共產黨兵敗如山倒。陳立夫是C・C・頭子，他的話當然不足爲憑，但近幾年中國大陸的貪汚腐化，黨風不正，濫用特權，喪失民心，是舉世公認的事實，否則也不會發生八九年的民運。中共領導口頭高喊要肅清貪汚，整頓黨風，而其結果如何？

你們兩位深居簡出，聽彙報亦是報喜不報憂，不一定了解眞相。我也是孤陋寡聞，但究竟是在民間，到處跑跑。舉一兩例言，高幹子弟在深圳香港出賣批文，是公開的秘密。香港某中資機構在證券市場做股票投機，賺了入私人腰包，賠則歸公家帳本。如此無本買賣，有賺無賠，積資盈億。當年孔二小姐（孔祥熙小姐）之所不敢爲者，某貴公子行之若素。此事香港《新華社》領導想必知之，祇以懾於權勢，故噤若寒蟬耳。最近我在洛杉磯晤一美國移民官員（美籍華人），他對我說，此次大陸水災，僑胞紛紛捐款，集腋成裘，亦不過數十萬美元，而大陸高幹子女來洛者攜資數十萬以至百萬美元者實繁有徒。最近美國通過一九九〇年新移民法，增加投資移民的條款，凡來美投資一百萬美元者可作爲商業移民。新移民法公布後，申請投資移民第一位爲臺灣，第二位卽中國大陸。移民官說，中國大陸那麼窮，何以這些高幹子女有那麼多錢呢？這不都是中國人民的血汗嗎？美國購置房產，一般多爲分期付款，而中國大陸來的，數十萬美元以至百萬美元的房子，一次付清，詢其身世，則某某將軍之千金或公子也。他們揮霍浪費，一擲千金面無吝色，美國人亦爲之側目。這些都是有名有姓，絕非道聽塗說。我聽到之後，爲之痛心，爲之羞愧！老實說，中共的貪汚腐化，不僅超越了國民黨，亦超越了北洋軍閥與滿淸王朝。這樣的統治能長治久安嗎？能不爲後代所唾罵嗎？

我們都是八十以上行將就木的老人了。浮生還有幾天？人的生命是短暫的，而歷史的長河是永恆的，榮華富貴不過如過眼雲煙，而後代人的評論是冷酷無情的。回想我們青年時代，爲了社會主義，爲了新中國的實現，九死一生，顚沛流離，但我們從來沒有後悔過。一九四九年新中國成立，我們畢生追求的理想實現了，我在你們兩位領導下的中財委工作，我雖不是黨員，周總理是把我當成自己人看待的，因爲我追隨黨一輩子。當時，我是絕對相信黨、相信毛主席的，衷心認爲黨和毛主席是「眞理」的化身、「馬列主義」的化身。想不到由於毛主席晚年的路線錯誤，把好端端的一個中國弄得民不聊生，「國民經濟瀕臨於破產的邊緣」。

一九七九年鄧小平東山再起，又重新燃起我對中共的希望，而八九年「六四」的槍聲又把我的希望撲滅了。淸夜捫心自問：難道我所追求的新中國，是這樣一個貪汚腐化官倒橫行的中國嗎？我們過去反對國民黨的官僚資本，取而代之的是比國民黨更腐敗的官僚資本，我們能對得起爲革命而流血犧牲的先烈嗎？對得起我們的子孫後代嗎？新中國在國際社會中的形象，眞不是安富尊榮的中共領導人所能想像的。九七年後香港將回歸祖國，結束了一百多年殖民地的統治，而香港居民不是歡欣鼓舞，反而惶惶不可終日，排隊於各國領事館之門以求移民，難道他們都不愛國，這不值得中共領導人深思嗎？

你們兩位，是黨國元老，一言九鼎，希望你倆大力支持改革，做改革派的後盾而不是做教導主義者的殉葬品，扯改革派的後腿。時乎時乎不再來，際此八中全會卽將召開的前夕，認認眞眞做一兩件收拾民心的好事，則共產黨庶幾不會「亡黨」，蹈東歐國家的覆轍。

這一封信，也許你們根本看不到。卽使看到了也可能認爲千某人中「資產階級自由化」的毒太深，世界觀沒有得到改造。那就投之紙簍可也。萬一你們認爲還有一二分道理，則請轉鄧小平、江澤民兩位一閱爲幸。國步方艱，最後希望你們珍惜自己的身體，也珍惜自己的歷史。言不盡言，順頌

健康

千家駒

一九九一年十月二十日 加州

（附載二）論「和平演變」

陳克疇

所謂「和平演變」，就是以和平的手段、以非暴力式的革命，來促使中國的政治、經濟和社會的變化或進步。這是一條極其妥善的原則，其目的是在於避免中國社會遭受過大的衝擊、震動，以至打擊經濟穩定增長的條件基礎。堅持和平與反對暴力，是爲了維持中國社會、政治、經濟的相對穩定，也因此必然需要在一個和解、妥協的基礎上進行，要求不單是制度的變化，更重要的是中國人的思想變化。

在中共領導人心目中「美帝蘇修亡我之心不死」，如李鵬所說「國外反動派亡我之心不死」，用武裝侵略嗎？不可能了，祇有寄望於「和平演變」，即利用和平方式使中國變質，即變社會主義爲資本主義，所以我們一定要防「和平演變」，而「資產階級自由化」，就是使中國「和平演變」的手段了。

中共對通過政治、經濟、文化等非暴力手段達到西方所稱的「和平演變」，是一個「沒有火藥味的戰爭」，「把侵略說成友好，將對中國人民毒害說成援助，以捏造與欺騙來製造輿論」，「以美元和技術誘使中國人上鈎，接着就培養在中國的反對勢力」。

中共理論界左派「新星」何新，還在《人民日報》上專文反駁和平演變論。鄧小平、王震、陳雲等元老，一年來多次提到和平演變是當前政權面對的大敵。中共不怕制裁、封鎖，最怕和平演變。王震最近對人說，美國總統布希主張無條件給予中共最惠國待遇，比那些有條件給予的國會議員還壞。因爲布希希望對中國大陸保持西方的影響力，促成大陸和平演變。

多年來，中共發動的政治運動，統稱爲「反對資產階級自由化」。由於他們在改革開放中，感到自己的權力受到了動搖和威脅，而且把這種動搖和威脅，主要歸罪於「帝國主義和國外敵對勢力的顚覆陰謀。」

去年二月十六日，中共喉舌《北京周報》，發表了一篇代表官方見解的文章，題目是：「爲甚麼中國反對資產階級自由化?」文中明確表示中共要反對資產階級自由化的原因，自由化是西方國家的一個政治概念，並非中國人的發明，實際上它是「和平演變」的同義詞。杜勒斯以來，西方的敵對勢力一直在鼓吹並採取這個自由化的和平演變戰略，他們利用控制的輿論工具、信息手段和文化交流機會，向中國、蘇聯和其他社會主義國家傳播，滲透西方的意識形態、價值觀念和自由社會模式，支持那些「持不同政見者，在所在國伺機製造分裂、動亂和顚覆現政權的活動。」

其實馬克思當時已承認資本主義創造了遠超過人類歷史上創造的生產力總和，也承認資本主義創造了有史以來的偉大發明。他又嚴肅地指出，無產階級要繼承全人類的文明，包括資產階級的。那麼，如果資本主義和平滲透進來的，是優越的精神文明和物質文明，我們祇須歡迎和學習，並化爲己用，有甚麼理由害怕？

但我們要求和平演變，應該怎麼辦！這應該是一個根本的、關鍵性的問題，不是單憑一些空洞的政治口號便可解決。和平演變是應該怎樣演變，應該向那個方向來演變？目前最容易提出的，中國應該向資本主義變化，然而資本主義模式甚多，如日本模式、西德模式、以至南韓模式、臺灣模式。但是，中國大陸要走的都不可能是這些模式，卻會在公有制與私有制，市場機制與計劃機制不同程度混合體制組成中間來尋找出路，不能把現有體制全部否定。中國的演變便祇能有選擇性地進行變化，從中國的實際條件、需要來作出一個合適的選擇，使到這個選擇不會弄巧成拙，破壞了中國的經濟；而是會帶引中國走上一個長期穩定的發展。

最近中、蘇兩個共產主義的發展，完全不同。在蘇俄發生了三大變化，一是修改憲法，取消一黨專政。二是建立總統制，還權於政，三是恢復私有制。最近政變失敗之後更宣告解散共產黨。

中國大陸呢？也發生了三大變化，一是強調「黨的絕對領導」，二是重新掀起全國性的政治運動，三是否定私有化，批判市場機制。

中蘇共同是以馬列主義起家的政權，但中共卻視和平演變如洪水猛獸，無他，主要的原因，是蘇共順應了民意，中共則拂逆了民意。

臺灣在「國家統一綱領」公布之後，有關國家統一與大陸政策的大政方針已定。最近郝柏村、施啓揚相繼在有關大陸問題的會議上，闡釋國家統一與大陸政策問題。郝柏村指出：大陸工作的終極目標，是以和平民主統一中國；將致力促進大陸地區的「和平演變」。施啓揚則表示，經由兩岸的交流，產生「發酵作用」與「燈塔效應」，以促進中國大陸地區的「和平演變」，達成以民主、自由、均富統一中國的目標。

過去毛澤東用階級鬥爭來打擊其黨內的同志和政敵；今天，鄧小平又用國際反動勢力的虛幌，作爲他鎭壓大陸內部民主反抗運動的藉口。在中共而言，臺灣是國際反動勢力的主要代表。因此，郝柏村促進大陸和平演變的政策性主張，代表臺灣朝野對和平民主救中國的根本認識，兩岸中國人均感到欣慰。大陸能夠實行政治改革，避免流血革命，走向和平演變，實爲國家民族之大幸。

二十世紀的實踐證明：這是民主政治、自由經濟的時代。馬列主義共產制度，在實踐中破產了，消滅私有財產，祇有共產共窮，而不能發展生產力，尤其列寧主義的「無產階級專政」，乃是沙皇專制的承襲與發展。所以社會主義陣營的自由化、民主運動，此起彼伏，前仆後繼，除了羅馬尼亞發生流血革命，其他社會主義國家，都是和平演變，甚至蘇聯，這無產階級專政的發源地，也放棄馬列主義，解散共黨，實行社會民主，承認私有權和宗教自由，走上和平演變之路。

這兩年來，東歐的民主浪潮正在衝擊東方，潮流所向，大勢所趨，國際共產主義運動，已由盛而衰，所有社會主義政權，都面臨危機，爲了避免流血革命，和平演變應是最佳的選擇，最好的道路。

中國往何處去？自鴉片戰爭以來，外患內戰，摸索嘗試，到今天應該有了答案。旣然民主政治、自由經濟是當代潮流，中華民族自應隨着這個潮流前進。我們寄望鄧小平等老一代，莫再留戀國際共產主義運動的夕陽黃昏，痛下決心，向東歐及戈巴契夫學習，從速進行政治改革，促進和平演變，和平統一也就水到渠成了！

一九九一年九月　香港紫園

《百姓》半月刊

（附載三）中共全力抵制和平演變

中共中央爲了應付蘇共政變失敗、戈巴契夫宣布共產黨解散的新局勢，在中國大陸全面開展了抵禦和平演變的教育運動，驚呼「兵臨城下」。

八月底開展此一運動之初稱爲防止和平演變，到九月二十四口紀念魯迅誕生一百一十周年，二十六日《人民日報》評論員發表文章，進一步呼籲抵禦和平演變。反映了中共的一種自我解嘲心態：和平演變主要是國際敵對勢力的企圖，在中共本身並無異化的趨向，故不用防止，而強調對外部抵禦，自認爲是社會主義的最後「堡壘」。

在中國實行社會主義制度乃是歷史的必然；其次，以中華人民共和國建國四十多年的成就，說明社會主義具有無比的優越性，祇是需要繼續完善；其三說明敵視社會主義的國際敵對勢力一直處心積慮要在中國實行和平演變，在世界範圍內消滅共產主義。分三個步驟：先從東歐下手，再針對蘇聯，最後顚覆中國，由於蘇聯變色，中國已經是「兵臨城下」！

進行教育運動的教材，除發教育提綱外，輔以江澤民中共建黨七十周年講話，以及袁木、羅幹、王忍之等的文章。

結果，在回應抵禦和平演變教育運動方面，就發生了三種情況，一是年輕人，對於這一運動心存牴觸，希望和平演變早日到來，故學習多爲敷衍應付；一是老幹部，包括退休離休老幹部，他們多數能接受中共中央的意見，認爲中國的局面一旦大變，共產黨人將沒有活路，有的老幹部在發言中公開聲稱：「如果中國被和平演變了，我們逃亡都沒有地方逃，因爲無人收留咱們。」

除了牴觸應付與眞誠擁護這兩種態度外，還有一種心口不一，心裏認定中國要單獨抵抗世界民主潮流是抵抗不了的，變局一定會到來；而口頭仍大講反和平演變的重要性與必要性，表現出雙重的人格。

從具體的學習布置看，並不一致。有的單位每周學習一次，有的單位學習兩次，有的單位學習三次，以中共中央黨校為例，秋季開學後曾集中學習了一段，後來也慢慢鬆懈下來，上海方面普遍是每周五學習一次，絕大多數是走形式。

教育運動進行得最認眞的是解放軍。由中共中央軍委秘書長、軍委總政治部主任楊白冰親自抓，而且提出「一抓到底」，使解放軍成為抵禦和平演變的「鋼鐵長城」，並將解放軍置於黨的絕對領導之下。

教育運動進行得效果最差的是大學生，尤其是被強迫送到石家莊受一年軍訓的大學生，回校後有意無意地對政治表示冷漠。而且在學習中故意提出一些怪問題。比如有一個問題問：「既然社會主義比資本主義具有無比的優越性，為甚麼我們要怕和平演變？」又有一問：「我們在資本主義國家有十幾萬留學生，為甚麼不可以把資本主義演變成社會主義？」這些問題，常常使進行反和平演變的教師和輔導員啼笑皆非。

一位北大的教授對記者說：「這些學生不論在軍訓時多刻苦，在對他們進行教育時多用心，回到學校不要一個月就變了。看來和平演變的苗子就在大學，但總不能因怕和平演變把大學通通停辦。」

一九九一年十月十日　發自北京

（附載四）中共和平演變的進程

李谷城

蘇聯發生三日流血政變後，有一千四百萬黨員的蘇共一夜之間解散；用了百年時間兼併起來的蘇維埃社會主義共和國聯盟，已有逾半加盟共和國宣布獨立而面臨解體——這是繼去年的東歐社會主義國家崩潰之後，衝擊共產陣營的更大浪潮。如今的地球上，祇剩下中國大陸、古巴、北韓等共產餘孤，還在高叫堅持走社會主義道路了。

中共現當權者對於蘇聯巨變，表面上看來鎮定，聲稱中國國情與蘇聯不同，不會發生像蘇聯那樣的事；但事實上恐慌得很，軍隊取消休假加強戒備，防民造反，中共中央下達內部文件，再次強調防止和平演變，加強黨的領導，保衛社會主義道路等等。

到底中共及中國大陸，會不會發生和平演變？這個仍然堅持社會主義道路的僅存大黨、大國，將向何去？本文試從歷史的角度，看看中共在人事制度、思想觀念、經濟政策這三個大的方面，已經發生了那些變化？現在與過去有何原則區別？從而推測中共及大陸，將向甚麼方向演變。

人事制度方面的演變

五十年代初，中共在蘇共扶植下，以武力打下江山，入主北京，中共稱蘇聯爲「老大哥」，中蘇鐵板一塊對付帝國主義，宣言要消滅資本主義，解放全人類，赤化全球。那時，美國國務卿杜勒斯被共產主義狂潮碰得焦頭爛額，但他仍保持清醒的頭腦，隨身携帶史達林著《列寧主義問題》，深入研究共產主義，預言共產黨人將在第三代、第四代身上發生和平演變。如今蘇聯及東歐的巨變，已證明杜勒斯的預言正確，而在中共身上呢？

毛澤東在獲悉杜勒斯的預言後，採取一系列防止和平演變措施，此爲中共防和平演變之始。在人事制度方面，培養無產階級事業接班人，最突出的例子是在「九大」通過的新黨章上，寫明林彪是他的接班人，結果是衆所周知的；親密戰友及欽定的接班人，變成謀殺犯、陰謀家、野心家。

接班人制度，被有良心的法學家于浩成等人，批評爲帶有封建世襲傳統，一度收斂。鄧小平在「文革」後第三次復出，搞撥亂反正，清除積陋、平反幾百萬件寃假錯案，接著推行改革開放政策。爲了達到這些目標，鄧提出選拔幹部的標準是：革命化、年輕化、知識化、專業化。大批年富力強、有專長的幹部獲提拔重用，像曾被劃爲右派分子的朱鎔基能當上副總理，這在毛澤東時代是不可思議的。

一九六四年七月十四日《人民日報》《紅旗》雜誌聯名發表的〈九評〉(全名：關於赫魯雪夫的假共產主義及其在世界歷史上的教訓——九評蘇共中央公開信)，提出培養無產階級革命事業接班人的五個條件是：一、必須是眞正的馬克思列寧主義者，而不是像赫魯雪夫那樣的掛着馬列主義招牌的修正主義者；二、必須是全心全意爲中國和世界絕大多數人服務的革命者，而不是像赫魯雪夫那樣，在國內爲一小撮資產階級特權階層的利益服務，在國際爲帝國主義和反動派的利益服務；三、必須是能夠團結絕大多數人一道工作的無產階級政治家；四、必須是黨的民主集中制的模範執行者；五、必須謙虛謹愼，戒驕戒躁，富於自我批評精神，勇於改正自己工作中的缺點和錯誤。

比較「四化幹部」標準與革命接班人五個條件，可以明顯看到，中共的幹部政策已經發生本質的變化，向着文明社會通用的專家治國方式，和平演變。

不過，這種演變還留有很大的尾巴，如「太子黨」仍享有當官接班特權；「老人幫」還在垂簾聽政(比毛澤東時代霸位到死已有進步)；軍人還保留干政的權力(但在政治局及書記處等決策機構裏，軍人的比例已大大減少)；錄用幹部尚未民主化、制度化……但相信再過一、二代，政治老人死光，普通家庭出身的幹部大量當權，人民的生活提高，參政意識萌芽，中共及大陸最終要擺脫人治陋習，走民選民治之路——這便是人事制度上的和平演變。

現在，中共防和平演變的主要口號之中有：堅持黨的領導、反對多黨制；堅持黨對軍隊的絕對領導、反對軍隊參政。其用意是，不可以放棄中共對其他黨派的控制，而要保持一黨獨大；不可以放棄以武力來鎭壓反對者，而要保留以軍治政。中共現當權者至今仍相信，靠一黨專政及槍桿子，可以維持中央集權的高壓統治。但四十二年來的逐步變化，已證明這二支令牌越來越衰弱；古今中外的歷史亦已證明強權不能持久：蘇聯七十多年完了；蒙古鐵騎建立的元朝，祇准十五戶共用一把刀，但也祇維持了九十七年就滅亡。在歷史與事實面前，中共祇有兩條路：和平演變爲民主法治國家，才能長治久安；繼續堅持極權統治，終究要爆發流血革命，亡黨亡國。

（附載五）和平演變與中國遠景

余英時

二十世紀是中國的革命的世紀。革命起於內憂外患的交迫，其歷史的意義是必須受到肯定的。但是長期的革命——特別是暴力革命——也顯然帶來了經久不息的動亂和逐層深化的破壞。中國的現狀——兩岸三地——便是這樣造成的。今天二十世紀已進入了最後的十年，我們究竟應該怎樣估計中國的近景和遠景，才算是比較符合實事求是的原則呢？

世界潮流與中國的命運

首先我們必須指出，自十九世紀中葉以後，中國歷史的進程已逐漸脫離了原來的軌道，而開始和整個世界史的發展滙流了。這一趨勢越到後來便越顯著。因此我們對二十世紀中國革命的認識絕不可能離開世界潮流的背景。

孫中山先生十九世紀末葉首倡民主共和的革命，顯然是受到了十八世紀晚期美國革命和法國革命的啓發。這是中國人第一次自覺地企圖把整個國家的命運納入世界文化的主流之中。我們說美、法革命是世界文化的主流，這是有充分的歷史的根據的：民主、自由、人權、法治等不但是這兩大革命的主導價值，而且這些價值的遠源至少可以上溯到十七世紀英國的光榮革命。不但如此，自十九世紀以來，這些價值觀念正迅速地從英、美、法各國向全歐洲以及非西方地區擴散，而逐漸獲得世界上各地人民的接受。這是西方史上所謂「民主革命的時代」。孫中山先生早年正是承此革命的主流而起。

但是十九世紀中葉以後，歐洲有社會主義革命潮流的興起。這一新潮流在歐洲雖曾激起波瀾，然終無所成，它最後是在具有長期專制傳統的俄國得到實現。這便是一九一七年俄國的「十月革命」。從此以後，美、法、俄三大革命同成爲世人謳歌的對象，而中國知識分子由於救國心切，更是對最新的俄國革命發生了無限的嚮往。因此「五四」領袖之一的李大釗立即有〈布爾什維克的勝利〉一文，響應「十月革命」。「五四」以後短短三年之間馬克思主義研究會終於發展成中國共產黨（一九二一年）。中國知識分子最初同情於共產主義（或社會主義）的理想是不難理解的，他們當時受到俄國十月革命的誘惑也是出於十分純潔的動機。甚至自由主義者也不免認爲社會主義代表著近代民主大潮流在經濟領域中的擴展。換句話說，在二十世紀四十年代以前，中國知識分子中很有一部分人相信俄國革命是繼美、法革命而起的新發展。

改革開放使中國恢復生機

四十多年來中國大陸的歷史實踐證明：列寧、史達林式的「無產階級專政」徹底毀滅了中國的民間社會，切斷了人民在生活上自作主宰的一切機能。直到八十年代的改革和開放，中國社會才開始恢復了一線生機。然而這一點點生機在過去兩年半中又幾乎窒息得快要中斷了。此中關鍵則在私有財產的徹底廢除。自從社會主義的觀念流行以來，我們通常都以「公有財產」（或「國有財產」）和「私有財產」相對照，好像這是兩種同樣有效的財產佔有的方式。而在中國傳統的語言中，「公」則必然在道德上「高」於「私」。所以，中共在土改之後很快便取消了「耕者有其田」的原則，更普遍地廢除了一切私人企業。但是四十年的實際經驗告訴我們：「私有制」的對面並不是「公有制」，所謂「公有」不過是一種語言的魔術。私有制消失了以後，一切財產和生活資料事實上都控制在一個擁有絕對權力的「黨組織」的手上。這個「黨」於是成爲大奴隸主、大地主和大資本家的三位一體。取代了個人私有制的不但不是任何意義下的「公有制」，三百年前洛克便提出了「沒有私有財產便沒有公平」的論斷；但這一論斷的最深刻的涵義祇有在經過了二十世紀共產黨的統治之後才完全顯示了出來。今天我們已眞正懂得：私有財產的合法化是個人的自由和尊嚴的基本保證。公平的社會必須建築在人人有產的基礎之上。俄國革命以來，所謂「無產者的社會」在實踐中已一再被證明是一種政治的虛構。普通的人民誠然是人人無產，但是「無產階級先鋒隊」的大大小小的隊員們卻都能比照着他們的權力和地位享有社會上一切的財產——包括物質的和精神的。

從民主、自由、人權等現代的基本價值上看，俄國革命不但不足以上繼英、法的革命，而且恰恰是這三百多年來西方文化主流的一大逆轉。若更從公民社會的觀點說，法國大革命爆發在一個充分發展了的公民社會的基礎之上，革命的暴力雖在今天受到史學家的普遍批評，但並沒有摧毀法國的公民社會。而且從歷史的長程來看，革命的結果是加強並豐富了原有的公民社會。俄國革命則正好相反。它的公民社會十分微弱，還不足以控制強大的專制國家。列寧的革命及其一黨專政的國家便是在這樣的社會基礎上出現的。俄國革命不但沒有幫助公民社會的成長，反而以暴力剷除了萌芽未久的公民社會。去年（一九九一）八月底蘇聯保守派武裝政變失敗之後，一個莫斯科的居民在電視上高興地說：「俄國的公民社會今天獲得新生了！」這句話是對俄國革命的最深刻的評判。

天高皇帝遠的民間社會

中國的狀況與俄國爲近，距西方甚遠，它祇有民間社會，而談不到有公民社會。這個民間社會的特色是「天高皇帝遠」，專制不像帝俄那樣普遍而深入，階級分化更不像帝俄社會那樣尖銳，然而它的散漫鬆弛同樣使它不能有效地抵抗專制的權力。這種狀態可以在很大的程度上解釋中共爲甚麼能在中國建立起極權統治並扼殺民間社會至數十年之久。從現代的觀點看，傳統的民間社會自然有許多極不合理的成分，必須嚴加淘汰。但是這種淘汰祇能通過漸進的方式，使民間社會轉化爲公民社會，大致如日本所走的道路。過去幾十年間中共所作的，即使我們用最善意的解釋，也祇能稱之爲「揠苗助長」。民間社會被扼殺之後，一切經濟、文化、社會的活力也都跟着消失了，現代化根本無從開始。

今天蘇聯的極權體制已在一夕之間完全崩潰了。這一驚天動地的事實說明政治暴力無論如何壓不死俄國公民社會的殘苗根荄。中國的民間社會也同樣是「野火燒不盡，春風吹又生」。大陸上的「十年開放和改革」已使民間社會開始復甦了。中國的現代化本繫於民間社會怎樣逐漸轉化爲公民社會，一九八九年的民主運動清楚地顯示了這一轉化的契機。由於中共內部存在着一股巨大的保守勢力，他們寧可中國陷於萬劫不復也不肯失去可以世襲的「革命特權」，終於決定在天安門屠殺和平請願的學生和市民。這兩年多來，大陸陷入了一種兩頭蛇式的保持局面：一頭是已復甦的民間社會向公民社會轉化，其勢已不可能阻遏；另一頭則是用赤裸裸的暴力堅持「專政」。蘇聯的崩潰尤其使中共的保守派驚慌失措，竟提出「反和平演變」作爲他們最高的政治綱領。另一方面，為了現實上的需要，改革派仍然不能拋棄「改革開放」的旗幟。所以中共黨內也形成了一個兩頭蛇式的僵局。正是這種僵局所造成的表面靜態才給人以「安定」的假象。

和平演變是唯一的出路

僵局是中國大陸的近景，那麼它的遠景如何？我們不需要辯證法的啓示也都知道，社會是不可能完全靜止不動的，它每一分一秒都在「演變」之中。因此無論是為中共政權計還是為整個中國民族計，「和平演變」都是唯一的出路。時至今日，在世界新潮流浩浩蕩蕩的衝擊之下，沈湎在列寧——史達林式的「專政」的迷夢中的人實在應該清醒了。當年陳獨秀和李大釗，為「布爾什維克的勝利」所誘惑，在中國創建了共產黨，他們的用心是值得同情的，但是他們用九州之鐵所鑄成的大錯則是無可辯解的。孫中山為了革命求速成而「聯俄容共」，他的動機更是無可非議的，然而這個大錯已記載在歷史上，也是抹不掉的。孫、李兩先生都逝世得很早，看不見這個大錯的嚴重後果。陳獨秀看清了這個大錯在中國所造的災害，所以才有晚年的一番大徹大悟。他斬釘截鐵地告訴我們：

「無產階級民主」，不是一個空洞名詞，其具體內容也和資產階級民主同樣要求一切公民都有集會、結社、言論、出版、罷工之自由。特別重要的是反對黨派之自由。沒有這些，議會與蘇維埃同樣一文不值。

他又沉痛地說：

所謂「無產階級獨裁」（按：即「專政」的同義語），根本沒有這樣東西。即黨的獨裁，結果也祇能領袖獨裁。任何獨裁制都和殘暴、蒙蔽、欺騙、貪汚、腐化的官僚政治是不能分離的。

這是五十一年前說的話，今天已一一應驗在中共政權的身上。因此陳獨秀終不失爲二十世紀中國的豪傑之士。任何稍有良知的中國共產黨人今天都應該仔細想想他的黨的創建者這一番反思之言。

國民黨是和平演變的範例

由於歷史的因緣，臺灣和香港是中國僅有的兩個地域幸運地免於共產政權的蹂躪，因此還能比較完整地保存了民間社會的基礎。經過四十年的發展，這兩個地域的民間社會已相當成功地轉化爲現代的公民社會。本文寫到這裏，恰好聽到了臺灣二屆國大代表全面改選的最後結果。這是中國人實行民主制度的一個新的里程碑。國民黨從「一黨專政」的模式逐漸轉化爲普通的民主政黨是經過了一段曲折而艱難的歷程的。國民黨的轉化當然還沒有到達終點，但不可否認這是一個很好的開端。正因爲國民黨有決心順應世界史的大潮流，尊重公民社會的集體意志，所以它才能在這次選舉中獲得了百分之七十一的選票。我們可以說，國民黨爲中國的「和平演變」提供了一個令人興奮的範例。前幾個月香港的選舉，民主派人士獲得了壓倒性的勝利。這也是值得我們高與的，因爲這一事實說明香港的公民社會已發展得相當成熟了。

中國大陸的民間社會中斷了三十年，當然不是短期內所能完全恢復的。而且從民間社會過渡到公民社會還需要通過一個歷史階段。但民間社會的全面復甦和公民社會的成長顯然在時間上可以是重疊的。和平演變無疑將加速公民社會成長的過程。祇有暴力演變才會阻止這一過程，那是我們所最不願意看見的景象。等到兩岸三地都出現了公民社會，中國的統一便水到渠成了。

對於中國的遠景，我們還是有理由保持審愼的樂觀的。

（本文與《中國時報》周刊創刊號同時發表，作者余英時爲美國普林斯頓大學教授）

（附載六）「柔性力量」與「和平演變」

奈　伊

（《中國時報》駐華府特派記者冉亮專訪）在二十世紀的尾聲，當有人在大聲疾呼「國家主權觀念已不同於往昔」之際，也有人推出「權力本質亦已改變」的見解。

國家的「權力」(power)，傳統上是以人口、土地、自然資源和軍事、經濟力量爲衡量標準；然而在人類即將步入二十一世紀的今日，權力的定義重點則已出現了相當程度的轉移。

換言之，當今之世，一個國家的科技、教育、經濟成長和意識型態（或理想）已在國際舞臺上成爲日益重要的「權力」元素，而地理條件、人口多寡和天然資源反而退居其次了。

這一組新的權力元素，正是哈佛大學「國際事務研究中心」主任奈伊(Joseph s. Nye, Jr.)教授提出的「柔性力量」(soft power) 觀念。

國際著名的日本管理大師大前研一曾說過，「領土愈大愈好，資源愈多愈好，乃是十九世紀的想法；今天，地小人稠又缺乏自然資源的瑞士和臺、韓、星、港反而創造了高人一等的活力和經濟力量。」

奈伊進而指出，東歐和蘇聯共產政權的崩潰，美國及西方國家的「柔性力量」有相當影響，而日後中國大陸的質變，則中華民國臺灣也必將扮演重要角色。因爲臺灣的「柔性力量」正對中國大陸發揮着潛移默化的影響力。

奈伊的「柔性力量」觀於一九九〇年秋季正式在著名的《外交政策》季刊推出，他的著作《美國權力本質的改變》中亦對「柔性力量」有精闢的闡述，深受美國媒體輿論重視，奈氏在接受本報記者訪問時，更進而延伸說明了臺海兩岸「柔性力量」策略的重要性。

以下是奈伊接受記者訪問之摘要：

問：你的「柔性力量」觀特別強調一個國家的經濟、科技、教育和文化或意識形態等因素，如果以這套標準來看，你如何爲美國、日本、德國以及中共做評估？

答：「柔性力量」日趨重要，但並不表示軍事力量就全然淘汰，如果要評估，那美國無疑乃是遠遠領先各國的超強國家，因爲它囊括了經濟、軍事及政治（或意識形態）各方面的優勢力量，比如單是它的經濟，其規模就是德國（兩德統一後）的五倍之多；軍事力量也比日本大得多；而隨着蘇聯帝國的崩潰，美國已無疑是世上唯一的超強。

問：那中共的力量如何？

答：中共乃是一個「區域性的強權」，而且它也仍然是一個開發中國家，因此力量有限。

問：在「柔性力量」中，經濟無疑是一重要因素，也有不少人公認日本今天已是一「經濟超強」了，你是否同意？

答：日本在經濟上是接近美國的水準，雖然其整體規模仍比美國要小，不過他們的確在經濟上有長足的進步。但是日本的軍力薄弱，而且也缺乏「柔性力量」——我是指文化或意識形態上的吸引力方面。

問：日本似乎面臨着一個爲其鄰國所不喜歡，甚至怨懟的難題，這是否也顯示其「柔性力量」的薄弱？

答：是的，日本在一九三〇年代那段帝國主義作風的歷史，顯然留給其鄰國惡劣的印象，而且日本在文化上具有「內向」(inward) 的傾向，比如他們至今對二次大戰前的行爲仍頗勉強地不大願意道歉。

問：最近曾有報導指出，中共內部有文件指稱臺灣正在對中國大陸發動「柔性攻勢」，宣揚「臺灣經驗」，引起他們嚴重關切，認爲臺灣旨在「動搖（大陸）青少年一代對（共產）黨和社會主義之信念」，這猶如驗證了您所提的「柔性力量」影響，您的看法？

答：我想這的確證明了我的理論，臺灣正相當成功地運用其「柔性力量」，而且頗具創意地在運用着，那的確令北京老人統治者感到不悅。

從長遠而言，臺灣必然有能力影響中共，而且，祇要臺灣方面維持其爲「中國的一部分」，那它就必然會改變中國。

問：臺灣的「柔性力量」何在？又應如何進一步運用它？

答：臺灣的經濟實力和其正在不斷改進中的民主和人權已爲世人所知悉，而這就是它最堅強的「柔性力量」。

在策略運用上，我認爲臺灣已經表現優異，它一方面致力於在國際上建立一個「經濟強權」的地位；另方面在政治上也相當明智地維持其「一個中國」之立場。因此，如果有朝一日當中國大陸改變足夠的話，那「統一」對臺灣也很好；而如果中共變化不大的話，那臺灣仍能在現狀基礎上繼續發展其經濟實力，而立於不敗之地。

問：你何以強調維持「一個中國」政策之重要性？

答：因爲如果臺灣主動宣告「獨立」則將引致中共動武之危機，而那在政治上是愚蠢之舉，臺灣應在穩定的情況下繼續發展、進步才最有利。

問：你曾在書中提及「流行文化」也是「柔性力量」的一種，目前，臺灣的「流行文化」包括歌曲、時尚、電視劇等也對大陸上的人們頗具吸引力，這是否也會產生影響力呢？

答：就正統文化而言，我想臺灣及大陸均根源於中國文明；就「流行文化」而言，它也是一種「柔性力量」，假以時日是含有影響中國大陸民心的傾向，而這一切也正是中共老人統治集團想抵制的，不僅是對臺灣，也包括對西方國家在內。

問：如果說美國的「柔性力量」曾日積月累地對蘇聯發生了潛移默化的影響，那麼臺灣今天對中國大陸是否也在走着這條路？

答：就某些方面而言，那已經在發生了，臺灣的經濟力、政治成功以及流行文化都在對中國大陸交相運作，也都令中共當局感到憂慮，但我想等老人統治者過去以後，中國大陸上的情況是會不一樣的。

問：你對「柔性力量」之說是否有甚麼補充？

答：柔性力量很難去衡量它，但卻很重要，它能影響人的想法，也使反對觀點逐漸轉弱或改變。但是基本上，我們應以較長遠的眼光去看它的影響力。換言之，中共當局害怕外界的「和平演變」本質上就正是對「柔性力量」的憂慮和恐懼。

問：以美國的力量相對於中共，在他們目前的經貿爭議上，「柔性力量」的角色何在？

答：在華府與北京的經貿爭議上，中共是屬於弱勢，但是美國的「柔性力量」也應從長遠的角度去看它影響中共的情形，而不見得會在經貿議題上獲得即時的成效。

基本上，美國的「柔性力量」主要在於它開放性之經濟以及在民主和人權理念上的信譽。

八十一年一月八日

憲政改革與和平演變

與美國民主黨代表的談話

國民黨當局認爲臺灣社會已多元化，各種不同的利益和民意應由各種不同的組織和管道爲其代表和宣達，所以正在研擬政治結社的法制，將來可能會准許人民組織新黨，以擴大現行規模的政黨政治。而且最近政府同意承認黨外公政會可以依法成立，並設立各縣市分會，祇須依法完成登記手續，而這手續規定於民法總則和人民團體組織法，我們四位中介人士願意保證政府主管機關迅速核准，不會刁難。按政黨的作用及其可貴，無非因爲左列特性：

一、能夠發揚民意使其成爲政綱或國策，

二、領導志同道合之人納入組織喚起民衆，

三、對其中有志從政之精英，並以集體力量輔其競選，助其當選，

四、如果不能取得政權，亦能以在野身分監督政府，制衡權貴。

黨外公政會一經登記，就能取得合法地位，就可從事上列政黨活動，那是無政黨之名而有其實，對民主政治乃是一大步驟。如果朝野合作得好，政府無所恐懼，黨禁不久就能開放。

我在五年前曾經建議國家制訂政黨法，在兩年中開放黨禁，實施政黨政治，辦法如左：

一、千分之五的人民得聯合申請組織政黨；

二、申請書須聲明服從中華民國憲法，效忠國家，違者得由政府予以解散；

三、參考美國聯邦選舉委員會的民主精神，改組現有中央選舉委員會，受理政黨之設立或解散。

我主張朝野雙方應速溝通協調，於一九九〇年（四年後）實施全面性的政黨政治，而以試行公政會模式的準政黨政治爲過渡。

七十五年六月一日

和平民主統一主導未來政治

國策顧問陶百川昨天指出，未來我國政局的發展取決於「和平」、「民主」、及「統一」三項原則。談和平，必須講「禮」，以法令爲依據的禮；談民主，必須回歸憲法，政府有權要求人民遵守憲法，人民也有權要求政府實施憲法；談統一，應該堅持對中共政權不恐懼、不廻避、不投降的「三不」原則。

陶百川並建議政府儘速修訂動員戡亂時期臨時條款。他說，臨時條款的十一個條文中，有些目前已無必要，有些在制訂當時即無必要，因此，其中百分之七十可以修訂廢止，其餘的百分之三十可以保留，再作協商修正。

陶百川昨天是在《遠見》雜誌舉辦的國是座談會中作上述表示。他說，目前我國所處的政治變局，可能是一個最好的時代，也可能是一個最壞的時代，如何演變，取決於大家對和平、民主、及統一，三項原則的共識。

他指出，我國的和平問題，包括內部的黨內與黨外、本省與外省、勞方與資方、甚至學生與老師之間的問題，以及外部與中共的和平問題。談和平，首須講「禮」，在個人，禮是指規規矩矩的態度；在政治上講禮，則一切應以法令爲基本原則，並要使政治資源作公平分配。

陶百川表示，談民主，則必須回歸憲法，政府及人民都嚴格遵守憲法的一切規定，人民可以反對政府，但不能反對國家。政府及人民都必須尊重中華民國的法統，而法統的根本精神，即憲法第一條規定的「中華民國基於三民主義爲民有、民治、民享的民主共和國。」

他說，政府的民主改革，雖然起步艱難，但正步步落實。對於敏感的統一問題，應該以「不恐懼、不迴避、不投降」的態度，積極地面對，以實現「今天兩個中國，明天一個中國」的期望。

在答覆聽衆問題時，陶百川表示，他希望「民進黨」能做到民主進步，不要再強調革命民主。他說，目前的政治環境已是民主時代，「民進黨」沒有必要再扮演革命政黨的角色，把羣衆帶上街頭；他希望「民進黨」以推動政黨政治爲本，如果要走羣衆路線，可以用公開演講、文字宣傳等方式教育民衆，不要帶羣衆在街頭遊走。

七十六年六月二十九日　《聯合報》

總統制內閣制職權的規劃

談到總統制內閣制這個老題目，我便回憶四十多年前，美國也曾爲總統制和內閣制舉辦過一次大辯論。參加的人都是英、美兩國政治學者的一時之選，例如爲總統制辯護的是哈佛大學名教授普拉斯（Don Price），爲內閣制辯護的是英國倫敦政經學院名教授拉斯基。拉斯基在結論中有幾句話很能發人深省。

政府體制以適用爲原則

他說：「我希望現在的評論已經獲致一個結論，那就是國會制與總統制的比較所涉及的問題遠較普拉斯先生所願承認者複雜，所以我不應該宣稱一種制度較好於另外一種，我也不認爲國會制比總統制更適合美國人民的理想。」拉斯基教授做了一個很有趣的比喻，他說：「政府制度很像一雙鞋子，鞋子爲脚而設，所以必須適合脚的尺寸，但是我也要大家記得穿鞋子的另一個原則，就是鞋子必須適合穿鞋子的人所想走的道路。」

如果讓我加以申述，我得指出，鞋有多種，有適合於爬山的草鞋，有適合於競技的運動鞋，而不僅是用以走平坦之路，或在客廳，或在臥室，所穿的華麗輕便的休閒鞋。

臨時條款因應戰時而設

把這例子適用於政治制度，我也必須指出，我國現行憲法是在承平時期為國家制定的百年大計。如果適用於戰時，那就得作若干的修改或增訂。於是乃有動員戡亂時期臨時條款。舉一個例，就很易了解。憲法規定了三個中央民意機關代表產生的方法，但在政府戰事失利退到臺灣以後，一方面不能不有中央民意機關及其代表，但卻不能依照憲法的原有規定來改組或改選，於是祇好另訂辦法。幸而臨時條款乃是依照修憲的程序所制訂的，無疑是憲法的一部分，我們不可輕視甚或加以貶斥。

胡佛教授也主張中央民意機關應該維持，但認為不可用臨時條款來規定，而應該修改憲法，在修正案中授權立法院來制訂辦法。這個主張也就是他所謂「回歸憲法」，當然很有見地，值得討論，但它究竟是一個立法的技術問題，並不妨害立國的大經大道。我希望經過討論之後就會獲得共識和共信。

針對現行制度反省對策

現在我要回到今天的題目，總統制與內閣制的比較及其職權的規劃。胡蘇兩教授就此已作出了很好的研究和報告。他們不僅把這兩種制度加以比較，而且落實到我國現行政治制度的研究和改進，那就是所謂五權制或五院制。於是我想建議把今天這個題目的文字補充成爲「五權制與總統制和內閣制的比較及其現階段職權的規劃」。

胡教授認爲依照憲法，我國政制應爲內閣制，這個認定本來不錯，就我國制憲的歷史來看，尤其會有這樣的結論。原來我國抗戰前已經決定要結束訓政實施憲政，所以已由立法院起草了憲法，並經國民政府公布，準備在召開國民大會時提出討論。這就是所謂五五憲草。它授予總統獨攬大權，而近似總統制。

但是抗戰開始，民氣高張，國民參政會不很欣賞總統制，提出了修改意見，後經政治協商會議改成現行憲法這個面目和精神而依法通過於國民大會，把原來近似的總統制改爲近似的內閣制。

在政治協商會議時，我充任國民黨代表團的聯絡人員，後來又是制憲國民大會的上海區代表，那時我贊成建立內閣制。我們穿的是休閒鞋。但是好景不常，現在強鄰虎視，社會不寧，隨時可能引發暴風雨，我們不能不換上可以登山涉水的安全鞋，它就是臨時條款。

可以合理修改臨時條款

但我並不認爲臨時條款各條都有必要或利多弊少。在它的十一條中，已有六或七條引起爭議，我也以爲其中有三條應予撤銷，包括第三條總統副總統得連選連任，不受限制，第四條設置動員戡亂機構，又第五條調整中央行政機構人事機構及其組織。

還有一點也很重要，就是國家安全會議組織綱要第四條所規定的「總統行使戡亂時期臨時條款第四項第五項及第六項之職權時以命令行之」。總統這項命令我以爲應照憲法第三十七條由行政院長副署，一以加重行政院長的權責，二以對總統的權力稍加制衡，三以使立法院可以透過行政院長與總統發生聯繫。這就是憲法第三十七條副署制度的必要和理由，我以爲也當適用於總統依據臨時條款所發布的命令。

經過這樣的修改和調整，臨時條款便有益無害，而總統也可發揮領導國家應付國難的功能和任務了。反之，如果廢止臨時條款而改採西方傳統式的內閣制，我以爲內閣制的前提條件，我國今日尚未具備。

目前尚不宜採行內閣制

因爲依照內閣制的基本精神，內閣祇是國會的一個委員會，內閣的一切，都取決於國會，所以西方學者早年把內閣制稱爲國會制（Parliamentary System）。鑒於我國今日如果實施內閣制，必須加強立法院的權力和責任，使其凌駕總統和行政院長，於是總統便成爲虛位的元首，行政院長的去留將完全聽命於立法院，而鑒於現在立法院的結構不夠健全，立法委員的心態和功能尚未正常，我們難望立法院能夠負起更大的責任，所以我不能苟同現在就改行傳統式的內閣制或回歸我國憲法的所謂內閣制，而寧願修改動員戡亂時期臨時條款，使中央政制成爲現階段五權憲法制，以迎接挑戰，開創新政。不知胡、蘇兩位教授以爲如何。我現在尚在病中，思慮不周，說得不好，務請原諒！

（本文係七十七年六月一日在「迎接挑戰開創新政」研討會上發表之評論）

悼逝迎新中的深思

我們都應感佩蔣總統經國先生，他替我國選定了李登輝先生做他的繼任總統，可惜他走得太匆促，沒有安排好誰接任他的黨主席。現在已由國民黨全體中央常務委員一致推舉李總統「代行主席職權」（就是一般所稱的「代理主席」），我深慶得人。我與他同在總統府服務，公誼私交，同感欣慰。

但我曾一再公開呼籲，在這民主時代，以國家元首兼任一黨領袖，是否妥適，不無研討餘地。所以我一直主張似當在第十三次全國代表大會前以五個月時間從長計議。現因衆望所歸，李總統榮膺黨的領袖，在我乃是喜出望外。

但是基於民主政治的理論和實務，總統是否宜於兼領一黨的黨魁，我作爲一個政治學者，仍認爲尚可研究。

有人喜歡以美國爲例，認爲美國總統同時也兼任執政黨的領袖。其實美國執政黨的中央領袖，不僅總統一人，而採集體領導，包括總統和國會議員。美國兩黨都設置中央黨部，也有主席，但主席都另有其人，而不是由總統兼任。

即使以國民黨來說，它在孫中山總理逝世後一直到民國二十七年臨時全國代表大會選出蔣中正先生爲總裁，其間長達十三年，都實施集體領導，不設黨的領袖。而那時國家歷經北伐、建國、訓政和幾次對日戰役，並未因爲沒有領袖制度而挫折。這個往事可供深思。

七十七年一月二十八日

（附載一）陶百川做了一件儍事

孫錦昌

七十七年三月十九日《新聞天地》登載孫錦昌先生一篇紐約通訊，〈八方好漢齊奔臺灣〉，中有一段說我「做了一件蠢事及儍事」，全文如左：

當學者型的臺灣人李登輝依法繼任總統以後，國民黨內部反對他同時擔任國民黨代理主席的暗潮即洶湧起來，連一向被視爲開明派巨頭及同受國民黨內外尊敬的陶百川也就在此一敏感時際公開在報上撰文指出「在這民主時代以國家元首兼仕一黨領袖，並不合適，不無檢討餘地」。陶百川的聲音代表着甚麼？明眼人看得十分清楚。寶島雖然美麗，經濟繁榮，人民安居樂業，但中央對於地方的影響力（勢力更談不到了）卻日漸式微，着實應該加強，以蔣總統經國先生如此受人愛戴，還免不了那十二月二十五日中山堂大會上一場容忍與受辱，如果他年輕幾歲，身體強壯，當日怎麼能不怒容滿臉，當面痛斥那一批黨外人士的狂態呢！所以陶百川一個人的聲音太微弱了，當那一批又一批民意代表喊聲震天，簽名擁護李登輝任國民黨代主席的傳單到處飛舞的時候，陶文卻毫無反應，眞是寂寞孤單，着實是做了一件蠢事及傻事。

（附載二）國民黨推舉主席的時間問題

《自由時報》記者：一月二十六日國民黨中常會前夕，在士林官邸靜養的蔣夫人，派其親屬送了一封信給執政黨中央委員會秘書長李煥，主張在經國先生奉厝大典完成之前，暫不推舉國民黨的代理主席，以示對故總統的尊敬。翌日中常會中由於副秘書長宋楚瑜的一番凜然之詞，扭轉當時的情勢，也因而使得蔣夫人的那封信曝了光，成爲國內外關心國民黨政情人士注目的焦點，更引起了許多人鑽研蔣夫人發出此函是否出自其「本意」的興趣。

《中國時報》臺北訊：中國國民黨中央常會二十七日召開具有重大歷史意義的第三三〇次會議，原由中央常務委員全體連署推舉常務委員李登輝總統出任代理主席案意外地並未列入議程，經中央委員會副秘書長宋楚瑜臨場表示強烈異議並即刻退席後，常會主席余紀忠適時妥善處理，終經與會全體常委議決列入議案，並一致通過，才順利解決了這一項中外矚目的國民黨中央權力結構傳承問題。

七十八年三月二十二日

（附載三）范仲淹的〈靈烏賦〉

我應該感謝蕭孟能先生，因爲他在二十幾天以前，提醒我整理舊作，我因而花了十幾天的精力，把我在臺灣所寫的文字，包括我在監察院的講話，依其性質，分爲七類，準備分編七冊，每冊約十萬字。其中一冊已經編成，書名是《知識分子的十字架》，副名是「寧鳴而死，爲凶之防」。

那一冊包括左列四個支題：

一、「寧鳴而死」，「爲凶之防」；

二、國家爲甚麼需要批評；

三、言論新聞的自由和責任；

四、保衛出版自由的幾件公案。

那個副名取自范仲淹的〈靈烏賦〉，賦中有句：「寧鳴而死・不默而生」；「雖死而告・爲凶之防」。我截取其中的兩句，綴成「寧鳴而死・爲凶之防」。

史稱范仲淹爲秀才時，就以天下爲己任，後來在朝爲官，盡言極諫，奮不顧身，因而頗遭挫折。他的好友梅聖俞做了〈靈烏賦〉，勸他說：「鳳不時而鳴，鴉啞啞兮遭唾罵於閭里。鴉兮！時將乖而興忠，人方謂爾多凶。胡不若鳳之時鳴，人不怪兮不驚！」

范仲淹不以爲然，也做了一首〈靈烏賦〉，他仿烏鴉的口吻，訴說他自己的抱負。我把它譯成語體文，如下：

靈烏！靈烏！你是一隻飛禽，爲甚麼不高飛遠颺！
爲甚麼要對人號呼，把吉凶報告於人而觸其怒！
人們正想折斷你的羽翼，烹食你的身體，你那時雖後悔，但已走投無路。
於是靈烏「啞啞」的申訴，請求你體會他的意思，了解他的態度。他說：
我的生命，有勞陰陽的化育，
我的身體，仰仗天地的覆露。
我生長在慈母的危巢之中，

托庇在主人的佳樹之上，
斧斤不來伐我，彈丸不來打我。
母親養我是夠艱辛的，幸靠主人的仁慈而得安居。
我的羽翼，度着春風而成長，
我眷戀着高高的樹枝，而盤桓於其上。
主人對我的恩德，我當然要想報答，可是我的叫聲，使人聽了有點怪異。
我是在憂患沒有形成之前，恐怖沒有發生之前，先人而憂，先人而懼。
了解我的人，說我是在提醒主人好避凶趨吉，不了解我的人，罵我是一隻不祥的凶禽。
所以我將凶訊預報於主人，我自己反須身受災殃；但是不報告呢，則主人將不知預防而
遭更大的禍殃。
主人卽使忘掉施恩於我，但我報德之心則不可隱藏而湮沒。
所以我雖明知報告則死，但是我還得報告，以防止凶災的發生。
這好像桑樹在庭院中流血成妖，君主因恐懼而修德，王室乃從而興旺。
又像雉鳥在鼎釜中復活作怪，君王因恐懼而修德，王室也從而興盛。
「擡頭三尺有神明」，上天的耳目就在我們旁邊，我們甚麼也瞞不過他，那麼我們報告
一下，對人們有甚麼不利呢！

那個鳴聲很低而少的鳳凰，尚且見譏於楚國的狂士；
那個名貴的麒麟，也曾爲魯國人所傷害。
但是鳳凰豈能因被譏而不靈！麟麒豈能因受傷而不仁！
所以刮刄假使一割而刀鋒便捲起來，還成甚麼神兵！
寶玉假使一焚而便變其質，還成甚麼英瓊！
我也寧願因鳴而死，不能緘默失職而偷生。
我何不學太倉的鼠類，不必談仁義道德，照樣能夠衣豐而食肥！
但是太倉假使被蝎蟲所損壞，我將何所取食！
我何不學荒城的狐狸，談甚麼禮義廉恥，還不是照樣可以深冗而作威！
但是城垣假使倒圮了，我將何所託足！
我其寧願像麒麟那樣因馳驅而困乏呢？還是像駑馬那樣吃着草料而安逸度日？
我其寧願像鵷鶵那樣遨翔於雲霄而受饑呢？還是像鴟鳶那樣飽食於草叢而毫無志氣？
你不見孔子所嘆惜的「予欲無語」麼？
他老人家奔走四方，精疲力盡，無非想行道救世，不得不如此耳。
你不見孟子的如何修養他的浩然的志氣麼？
棲棲遑遑，三月不停，無非也是因爲吾道不行，不敢小休。

所以祇有小丈夫肯優遊卒歲，至於大丈夫則必自強不息。

我雖祇是一隻小小的烏鴉，可是我天牛的孝於母而忠於主。人們對我的孝和忠卽使有所批評，我仍將吾行吾素；人們卽使再批評，我也仍將吾行吾素。

在以上的譯文中，我增加了一些補強的語句，不知是否畫蛇添足，甚至不知是否有錯誤。爲求眞起見，我將范文正公的原賦全文抄錄於左：

梅君聖俞作是賦，曾不我鄙而寄以爲好，因勉而和之，庶幾感物之意，同歸而殊途矣。

靈烏靈烏，爾之爲禽兮，何不高翔而遠翥？

何爲號呼于人兮，告吉凶而逢怒！

方將折爾翅而烹爾軀，徒悔焉而亡路。

彼啞啞兮如愬，請臆對而心論：

我有生兮，累陰陽之含育。

我有質兮，處天地之覆露。

長慈母之危巢，託主人之佳樹。

斤不我伐，彈不我仆。

母之鞠兮孔艱，主之仁兮則安。

度春風兮，既成我以羽翰。
眷高柯兮，欲去君而盤桓。
思報之意，厥聲或異；
憂於未形，恐於未熾。
知我者謂吉之先，不知我者謂凶之類。
故告之則反災于身，不告之則稔禍于人。
主恩或忘，我懷靡臧。
雖死而告，爲凶之防。
亦由桑妖于庭，懼而修德，俾王之興。
雉怪于鼎，懼而修德，俾王之盛。
天聽甚邇，人言曷病！
彼稀聲之鳳凰，亦見譏於楚狂。
彼不世之麒麟，亦見傷於魯人。
鳳豈以譏而不靈，麟豈以傷而不仁。
故割而可卷，孰爲神兵？
焚而可變，孰爲英瓊？

寧鳴而死，不默而生！
胡不學太倉之鼠兮，何必仁爲，豐衣而肥！
倉苟蝎兮，吾將安歸？
又不學荒城之狐兮，何必義爲，深冗而威？
城苟圮兮，吾將疇依？
寧驥子之困于馳騖兮？駑駘泰於芻豢？
寧鵷鶵之饑于雲霄兮？鵰鳶飫乎草芥？
君不見仲尼之云兮：「予欲無言！」
纍纍四方兮，曾不得而已焉。
又不見孟柯之志兮，養其浩然，
皇皇三月，曾何敢以休焉。
此小者優優，而大者乾乾。
我烏也，勤於母兮自天，愛於主兮自天。
人有言兮是然！人有言兮是然！

五十二年十月　舊作

從高惠宇的競選文宣說起

本月十一日上午我從高惠宇小姐競選總部向她祝福後回到家中，就接聽《中國論壇》姚副總編輯向我要稿的電話。他說，這次國民大會第二屆代表職司修憲，任務重大，將來選舉能否辦好，人選是否適當，足以影響國脈民命，他因而要我寫一篇文章，對選舉人和候選人提出一些期望和勉勵。但我一時不知從何說起，所以不敢接受姚先生的邀請。後來我看了高小姐競選總部給我的一些競選文宣，我發現其中不無新意，所以得到了一些啓發而寫出本文。

首先，高小姐候選任務的自我肯定，是：「通識修憲，專業修憲，愛心修憲」。凡此都很重要，但我尙能爲她補充一項——「忠心修憲」，而以她的言行來評鑑，我深信她會盡心竭力去做，這就是「忠心」，就是「忠心修憲」。

面對有人要以國家生存和人民福祉爲賭注，去「賭一千萬對五十塊錢的賭局」，（高小姐的口號），而對於祇有五十塊錢的我們，那是很危險的，而且簡直無可僥倖，必輸，必敗。面對這個關鍵時刻去修憲，以決定我們是否還要中華民國抑或改要所謂「臺灣共和國」或中華人民共和國，我們作選民的和作修憲國大代表的，首先必須秉持忠心，忠於中華民國。

還有，立國的原則也很重要。中華民國是以三民主義爲立國的指導原則和奮鬥目標，過去和現在，曾受多次挑戰，但都歷久彌新。以我多年來一直參加三民主義統一中國大同盟爲例，三年來曾有幾位常務委員一再建議刪去「三民主義」字樣，以便在海外能夠順利發展組織，但最近發現海外一般人士，甚至連來自中國大陸的民運人士，都認爲三民主義不獨不是該會的負債而且是資產。於是最近該會會員大會通過的「工作方向」，乃指出：「現階段之首要工作，一爲配合政府政策，在海外傳播國家統一綱領，以凝聚共識；二爲引證共產主義在整個歐洲的衰退以至沒落，以及中共四個堅持和所謂（具有）中國特色的社會主義也是日暮途窮，以此二者相對於三民主義臺灣經驗的成就，說明惟有整個中國實現三民主義的民主、自由、均富、均權，人民方能安全幸福，國家方能和平統一」。

我希望修憲國民大會能夠有這共識而忠於其事。

八十年十一月十三日

與蔣經國先生的最後晤談

戰時相識道義之交

我認識蔣總統經國先生，早在民國三十二年，時當中日戰爭，地在陪都重慶。那時我任《中央日報》社長，他在江西擔任行政督察專員，因去重慶開會，我們乃得會晤。

民國三十四年抗戰勝利，我回上海，他在南京供職，有時因公去上海，後又在上海督導財經改革，我們間或晤談。但談得較多而相知較深者，則在他擔任國防部長任內。

我應聘爲總統府國策顧問以後，十餘年來，我既顧且問，有思有感，自更常向他和政府建言，或補闕拾遺，或正偏救弊。他虛懷若谷，能受盡言。

而且在最初幾年中，他與我晤談時，祇有我們兩人在座，隔着茶几對話，無人旁聽，所以我少所顧忌，常能暢所欲言，即使對極敏感的問題，我們也幾乎無所不談。

撤銷監管意義非凡

我最後一次晉謁經國先生，是在民國七十五年夏天，預定時間本是半小時，可是竟談了一點零五分。

他知道我不久以前曾有歐美之行，所以就問我美國僑胞對我政府的向背。

我說，從臺灣去的人雖有主張臺獨的，但爲數不會很多。我以幾年前美國政府舉辦人口調查的結果作論據，其中聲明原籍臺灣而非中國的，我記得是二萬餘人，他們應可認爲有臺獨的傾向，但全體華僑人數應在一百萬人左右。我強調祇要我們政府大力改革，更求進步，他們都會萬衆歸心。

於是我想起了我與經國先生共同處理彭明敏公子獲准赴美留學的故事，事隔多年，現在我還是第一次透露。

我記不得那一年我從美國回臺看到經國先生時，對他陳說，彭先生不是那種主張暴力推翻政府的臺獨，政府不應敵視，可是他的兒子大學畢業，要想留學而不能出境，他家門前仍有汽車日夜監視，不知有何必要。

十餘日後，張秘書長（寶樹）問我彭子已出國否？我說不知。張秘書長告訴我：總統問起，並說他已通知有關方面撤銷對彭家的一切監管，要我通知彭子可以出國。我向康寧祥先生問得彭府電話，轉知彭太太，她最初不信，旋卽驚喜。幾天後她來我家道謝，說門前汽車和人都已撤走，警備總部人員並約彭公子吃飯，爲他餞行。

後來彭先生也來函道謝，我在覆信中希望彭府悲劇迅速落幕，並望大家努力使國家層面的更大的悲劇也能早日收場。我相信那是經國先生的大願。但他沒有作覆。

尊重自由美於先賢

在那最後一次晤談中，經國先生從海外臺灣人對政府的態度，談到他對省籍問題的感受，他很誠懇地指出，他對省籍毫無成見。他舉例說，他身邊的衛士是本省人，他家中的護士是本省人（我可以再加一項，他的政治繼承人副總統也是本省人），可是，他說，有些本省青年全不了解他的苦心孤詣而仍大肆攻訐，甚至及於他的先人和家屬。但他說他不恨他們，因爲他們不了解，且有誤會。他說：「陶先生，你要開導開導他們！」

那時中央黨部和司法界有人提議要在刑法中增訂一條「譭謗總統者有罪」，而且主張應該由國家提起公訴，不必由總統自己出面。他們指出，我們現行法律規定，對友邦元首的譭謗，可由國家檢察官提起訴訟，而對於自己的總統，卻沒有優待的規定，所以要求把適用於外國總統的規定，也適用於我們國家的總統。但後來我卻聽說，蔣總統反對這種作爲。他說，總統沒有特權，不要增加。我覺得非常欽佩，還特別問了中央黨部馬樹禮秘書長，馬秘書長告訴我，總統曾告訴行政院，不要在修訂法律時加入那一條。

後來我在一篇文章〈三位總統犯而不校的故事〉中，以他與美國三位開國元勳華盛頓總統、哲斐遜總統以及漢米爾頓部長維護言論自由新聞自由的精神作比較，認為經國先生比他們更了不起。

政黨政治功虧一簣

那時他已要中央常會組織十二人小組研究政治革新的六大議題，所以我也向他提供一些意見，他也有所指示。其中最重要的兩項，乃是政黨政治和國家統一。

我從談話中體會，經國先生對政黨政治不很樂觀，但認為那是大勢所趨，所以主張因勢利導，循序漸進，先從黨外公政會做起，在三、四年內，如行之有效，就制訂政黨法，實施政黨政治。

本這了解，所以後來我和胡佛、楊國樞和李鴻禧三位教授從事溝通中介時，在第一次「三邊會談」中就主張公政會可以設立，在完成立案手續後可在各縣市設立分會，從事政治活動。這是第一步。

第二步是修改人民團體組織法，增訂政治團體，可逕稱為政黨，享受一般民主國家政黨應享的權利並盡其義務。

第三步，大約在民國七十九年，政府可以制訂政黨法，完成政黨政治。

這個構想，因為出自經國先生，原能順利進行，如期完成。可惜黨外拒絕協調，在高度保密中，連我們擔任中介的四人，也毫無所知，突然於那年（七十五年）九月二十八日宣布成立民進黨。而因先天不足，復因後天失調，民進黨的前途迄今尚未可樂觀，政黨政治遙不可及。經國先生地下有知，應有餘憾吧。

共產主義必須反對

此外，在那次晤談中，我也提到我們的大陸政策，我一向認爲「和爲貴」。對經國先生從前幾次文告和談話中一直把「中共」叫做「共匪」，我期期以爲不可，曾向他進言，可喜他也接受。

在最後那次晤談中，我批評了「三不三拒」。我說，那雖是無可奈何的「免戰牌」，但現在「形勢逼人」，而「形勢比人強」，我們不能以此制勝，甚至也不可能以此退敵，而因國內人心思變，政府當局必須對它善爲應付、駕馭和利導。

我說，在三不中，「不通航」尚有必要，「不接觸」恐不可能，而「不妥協」則寸步難行，我們必須在心態上善爲調整。

至於三拒，我說，通郵和通商有何不可，但通航則可能妨害國家安全，尚須觀望一下。

經國先生隨卽指出：「有幾個『不』並不重要，我們不僅有三不，也有五不，包括不迴避。最重要的，乃是必須反對共產主義，它是禍根，不可妥協。」務實務本，執簡馭繁，旨哉言乎！

「人之云亡，邦國殄瘁」。所幸典型尚在，繼起有人，今天我更略舉經國先生的嘉言懿德，以資共勉，他和我們都應可以略節憂思了。

七十七年十一月二十一日

蔣經國與政黨政治

答哥大何詠思小姐之問

一、請問有那些重要的因素影響了先總統蔣經國先生下決心推動政治改革呢?

答:經國先生是一位務本而又務實的人,他認爲國家的任何政策必得承受事實的考驗,適應現實的環境。所以他說:時代在變,環境在變,潮流也在變,所以他也不能不變。

二、在《危言危行邦有道》一書中(第十四頁),您提到蔣經國先生對政黨政治感到不很樂觀。蔣經國先生爲甚麼會有這樣的感覺?他的看法後來是否有所改變使他最後接受了民進黨和同意開放黨禁?

答:政黨政治是務本,但也要務實,這是他的基本態度,所以他希望先准黨外公政會公開活動和競爭,然後以四年時間,在舉行下次選舉時,正式開放黨禁,實現政黨政治。所以他要與黨外溝通協調。但黨外不能忍耐,後又拒絕溝通,逕行違法組黨,種下兩黨失和的惡因。但經國先生還是與人爲善,容忍下來,並如期開放黨禁。現在鑑於民進黨圖窮匕現,主張另組臺灣共和國，以致執政黨責其爲「禍國殃民」，而政黨政治也功敗垂成，經國先生地下有知，不獨會大失所望，且會疾首痛心。

三、過去三十多年來，臺灣的黨外人士曾幾次試圖組黨。他們相信臺灣的社會條件早已成熟，可以支持多黨政治的發展。可是，在一九六〇年《自由中國》和一九七九年《美麗島》黨外兩次組黨都沒有成功。最後在一九八六年才成功。陶先生，憑您對黨內外的認識跟您長期的觀察，您認爲爲甚麼一九八六年的組黨能成功，但前兩次的卻失敗呢？

答：一九六〇年《自由中國》結合一部分本省人與外省人合組政黨，我曾寄以厚望，並作桴鼓之應，對其失敗迄今引以爲憾。但一九七九年美麗島事件，則尚難認爲是組黨問題，如果那時黨外不在高雄示威，引起暴力衝突，而改在臺北以和平方式堂堂正正地宣布組黨，我想結果一定會較好。

四、據說，在中國國民黨內，早在二十多年前就有人開始提出政治改革的方案來。陶先生，您也多次提出過改革的方法。可是，執政黨一直好像不大願意推動改革。有人說執政黨之所以不願意推動改革是跟恐懼共產黨（過去在大陸上跟共產黨接觸的經驗造成的）和反對臺獨有關的。您同意這樣的解釋嗎？

又：推動政治改革最後不一定會給中國國民黨甚至中華民國帶來好處。譬如說，有一天國民黨在選舉裏敗給了其他政黨，國民黨便會失去執政的地位，同時，也可能因此失去領導國家反共的希望，又或者，有一天多數在臺灣的人民要求臺灣獨立時，執政黨爲了尊重民意，可能要執行跟國家統一的目標背道而馳的政策來。

我相信蔣經國先生在決定推動政治改革之前會考慮過這些問題的。據您的了解，蔣經國先生當時如何評估推行政治改革、維護黨的利益和達成國家統一的目標這三者之間可能發生的矛盾呢？

答：你這一問題提得很好，很深入。政府退到臺灣後，臺灣正是民窮財盡，全靠克難度日，團結第一，所以倡導「在安定中求進步」。到了蔣經國先生執政時期，他提出「革新再革新，進步再進步」。我更強調：政治永遠需要批評，「權力永遠需要制衡」，「言論自由和議會政治是政治緊箍咒，也是政治安全瓣」。黨外也開始活動，喊出：「政治要制衡，制衡靠黨外」。

但是改革開放的腳步仍嫌太慢，這與你所提出的恐懼共產黨和重蹈大陸崩潰的覆轍不無關係，但並非恐懼臺獨，因爲它那時還不成氣候。至於推行政治改革是否會與維護黨的利益和達成國家統一的目標，是否可能發生矛盾，我想經國先生那時應有評估，但我不知其詳。

八十年十月十八日

民主和統一，天堂和地獄？

——接受傑出民主人士獎致詞

四年多前，我出版一本論文集《走向天堂也向天獄》。那個書名，是英國大文豪狄更斯名著《雙城記》中的一句開場白。他寫道：「那是最好的時代，也是最壞的時代；那是智慧的時代，也是愚蠢的時代；那是信仰的時代，也是懷疑的時代；那是光明的時季，也是黑暗的時季；那是有希望的春天，也是絕望的多天；我們的前途有着一切，我們的前途什麼也沒有；我們大家在一直走向天堂，我們大家在一直走向地獄。」狄更斯寫的是法國大革命時代的一個小故事。那個時代確實美好，但也惡劣，法國人是在走向天堂，也在走向地獄。我們現在如以民主和統一而論，也處在一個美好和惡劣的時代，正在走向天堂和地獄。

我國向無民主文化

先看民主。我國自從有信史以來，自始就沒有所謂民主。孟子雖強調過：「民爲貴，社稷次之，君為輕」，但它祇是一種民本思想，未能落實於政治。辛亥革命成功，孫中山先生被選為大總統，但他在位僅三個月即為袁世凱所取代。民國十八年國民黨北伐勝利，但訓政開始，一黨統治，雖宣告六年之後還政於民，但因中日戰爭而不能實現。政府遷臺以後，大陸則由共產黨專政，臺灣也戡亂戒嚴。但感謝蔣經國總統，他從民國七十六年起，大發宏願，解除黨禁、解除戒嚴、解除報禁，於是臺灣在經濟奇蹟外，更創造了政治奇蹟。大陸同時也開始改革開放，形勢頗好。我們雙方都開始進入美好的時代，走向天堂。

但是民主畢竟不像一般人所想像的容易。從寡頭政治轉進而成民主政治，勢必牽涉到思想問題和利益關係。思想保守的人和既得利益的人對變革往往不易適應，紛起阻撓。而在野派又往往不擇手段，操之過激，先之以惡聲，繼之以暴力，這也激起反響。雙方相激相盪，社會為之不安，改革就遭挫折。

在臺灣，李總統近在青年節講話中也不得不承認：「我國正走在歷史的十字路口」，這所謂「十字路口」，就像狄更斯所說：「走向天堂，也走向地獄」。這豈不是很嚴重麼！

至於大陸的處境，則更遜於臺灣。中共對民主自由問題，仍採兩手策略：一手推動經濟建設，但另一手則堅持「一個中心，兩個基本點」，而「兩個基本點」是要以「四個堅持」去「抓住」「改革開放」，則勢將拖垮「經濟建設」。於是民主便遙不可及，而統一就無從談起了。

近程綱領怎樣落實

提到統一，北京方面的政策方針是「和平統一」，「一國兩制」，臺北方面則是「自由民主均富統一」，兩者顯有距離，但非不能拉近。近來大家都在談善意和誠意，我以爲以大對小，須有善意，以小對大，須有誠意。我又以爲北京對臺北的善意先須加強，以減少臺北對北京的疑懼。至於臺北對北京的誠意則已有國家統一綱領可作證據，而它乃是我所提議和參與制訂的，我的誠意和善意，自信可對天日。

但國家統一綱領全文僅七百多字，精義難以表達，更未能包含實施辦法，以爲落實，而近程部分便難突破。我建議制訂近程綱領實施細則，列舉實施辦法，化簡爲繁，循序推進。如果經歷相當時間而猶難完全實現，則准延至中程繼續推行，不可任其拖住近程而延誤中程。

請以我們要求於中共的民主政治爲例，在近程階段，先須實現兩項：一是言論新聞的自由，臺灣的報紙得在大陸設航空版和辦事處；二是集會結社的自由，臺灣的黨部和社團得在大陸公開運作。臺灣當然會以直報直，平等互惠。至於其他民主政治應有的宏規，我們可在中程和遠程階段逐一提出，不必就想畢其功於一役。但是近程綱領所規定的以和平方式解決爭端並在國際間互相尊重，互不排斥，則雙方自須嚴格執行，以利進入互信合作階段。

設共同體以爲過渡

統一程序這樣便能由近程進入中程，國統綱領規定中程應循的四條原則，我建議以「三聯統一」的「聯合」作爲架構，以資落實。我把那種聯合形式定名爲「中華共同體」，現在提出下列構想：

一、本共同體的宗旨是聯合海內外的中國人，及其政治實體在和平對等互惠的前提下經過適當時期的坦誠交流、合作和協商，建立一個民主自由均富均權統一的中國。

二、本共同體各會員各自擁有其土地、人民、主權及其政治體制與權力，不受侵犯或限制。

三、本共同體每半年舉行代表會議，處理會務，必要時得舉行高峯會談。

四、本共同體設秘書處，作爲會員間的溝通管道。

秘書處置秘書長一人及副秘書長若干人，由會員派員充任，每會員各有一人。

五、本共同體會員間應實施通郵通商通航通財及各種相互交流。

六、本共同體各會員在一個中國的前提下得以其本身名義參加國際組織並與他國交往。

七、本共同體會員間如有爭執，應以和平方式解決之，不得使用武力或武力威脅。

八、本共同體會員得隨時退出本共同體。

九、本共同體設國家統一委員會，討論促進自由民主均富均權的統一方式。各會員就其本身有關的重要事項享有否決權。

二元合作聯邦統一

在國家統一的中程階段，以這樣的中華共同體作爲聯合形式的過渡安排，可謂務本務實，能快能慢。因爲他日統一的條件如果成熟，詢謀僉同，國家就能早日統一。如果一時尚難統一，則因彼此能在共同體中和平共存，互助合作，並在一個中國的原則下一致對外，則安和關係便能持久，統獨乃可休兵。豈不善哉！

依照國統綱領中程規定，那時兩岸高層人員已可互訪（第四條），雙方自可商討中華共同體問題，尋求共識。

最後爲了落實國統綱領遠程部分的構想，我仍以「聯」爲指導原則，建議採取二元合作聯邦制（Cooperative dual federalism），使中央與地方都應享有適當程度和幅度的權力，各取所需，各得其所。

但聯邦制的模式頗多，成效懸殊，美國式比較公平，所以也比較穩固，而蘇聯的崩潰便是因爲聯邦政府過分侵佔了加盟共和國的權力和利益。我國將來規劃統一，便當以蘇聯爲殷鑑，而須採取二元合作聯邦制，方能長治久安。

最後，我要聲明：我雖備位政府，但現在是以私人地位接受贈獎和講話，並不代表政府發表意見。

八十一年四月二十五日

政治革新再革新

建立國家目標的回顧和前瞻

國家目標千呼萬喚

問：請教陶先生，你對本會發起這次「建立國家目標」研討的評價如何？

答：所謂「建立國家目標」，我以為是想建立一個甚麼樣的國家。我們立國五千年，至少也已有二千多年的信史，何以現在還須研究建立國家的目標或建立甚麼樣的國家！但是時代在變，環境在變，我們建國的目標，也跟着不得不變，過去已迭有研究，也有所改變，現在問題似乎更重大、更複雜、也更棘手，所以更須研究。我想這就是社會大學基金會發起這次大規模研討的動機。你說是麼？

問：何以說現在問題變得更重大更複雜而且更困難呢？

答：我國的困難，開始在十九世紀之末和二十世紀之初，距離現在已歷二百多年。那時美國曾與英國為獨立建國而戰，法國則爆發大革命，擾攘不安，然而那兩國遭遇的問題，在美國祇是民族問題，在法國祇是民主問題，比較單純，而我國那時則既有民族問題，又有民主問題，而且我國的民族問題包含內部的滿漢對立和外來的列強侵凌，後者為害更甚。那時朝野上下救國的目標，集中在海防運動和洋務運動，史稱為自強運動。可是到了甲午中日之戰，我國海軍不堪日本一擊，喪師失地，列強更肆無忌憚，各圖瓜分中國。有識之士始知政治改革的重要，「洋務論」乃提升為「時務論」。康有為和梁啓超說動清廷變法維新，然僅百日而廢，而且導致了義和團之亂，引發了八國聯軍之禍，北京淪陷，國亡無日。於是有識之士乃知建立國家目標的工程，必須把對外的民族自強運動和推翻滿清專制皇朝的民主運動同時並舉，而總其大成的乃是孫中山先生及其三民主義。它已為現行中華民國憲法所接受，作為全部憲法的「依據」（引言），憲法並明定「中華民國基於三民主義為民有民治民享之民主共和國」。（第一條）是則三民主義早已成為我們的國家目標了。

三民主義功虧一簣

問：國民黨推行三民主義已有多年，何以我們迄今還須研討建立國家目標？陶先生一生與民國悲喜憂患與共，是否可以從歷史與亂的角度，談談您的「民國情懷」？

答：三民主義迄未全部落實，但也實行了大部分。以民族主義而論，它對內的部分，推翻滿清皇朝，和完成國內各民族一律平等，這一部分早已實現，對外部分，中國民族自求解放，也在民國三十一年廢除不平等條約和三十四年對日抗戰勝利而完成任務。得來不易，彌足珍貴。

以民權主義而論，它所主張的推翻專制，建立民國，早經辛亥革命而完成，它所規劃的三個程序，軍政時期的軍法之治和訓政時期的約法之治以及憲政時期的憲法之治，也好不容易地陸續實現。然而一直要到最近三年，民主改革方始落實，爲我國幾千年的君主專制以及民國建立以來先是軍閥割據後是一黨專政的威權體制展開新局。

但是民生主義則進度較慢，它所主張的平均地權和發達國家資本以及改善人民生活和國民生計等重責大任，大陸時期因內戰外患而乏善足陳，來臺以後進步很快，但有些問題例如都市土地問題和人民生活品質以及社會風氣，猶難符合民生主義的目標。

民國情懷想到河殤

至於中共的情形，民族主義的對外關係比國民黨執政時期進展較好，但政治經濟和社會各方面則大不如前，而且危機嚴重，因而格外有重建國家目標的必要。

談到我的「民國情懷」，我最近看了大陸出品的「河殤」錄影帶，頗有所感。「河殤」旨在破舊立新，舊指黃色的黃河文化，新指藍色的海洋文化，而黃河文化是以儒學爲中心。「河殤」認爲「黃河百害」，「河清無日」，儒學也阻礙了中國的進步，迄今還陰魂不散。

假使我沒有誤解，河殤這樣的認定，儼然是毛澤東時代的「批孔揚秦」，而失諸偏激。但是「怨鐵不成鋼」，我的「民國情懷」，包括對國民黨北伐成功以後的「黃金十年」的「黃金文化」，我都不免有點失望和惋惜。

問：你對國民黨統治的展望如何？你以爲它和政府尚應訂出甚麼樣的國家目標以及作出甚麼樣的努力？

答：隨着蔣經國總統的逝世和李登輝先生的繼任，威權政治已經改觀，大陸體系的統治結構已在快速地本土化，國民黨第十三全會爲適應環境和時代的變化，提出了宏揚三民主義思想案，並重訂政綱政策以求落實。但是文章容易寫，最重要的乃是實踐和績效，而這尚有待於努力和檢驗。

問：你以爲大家要作出怎樣的努力和推動？建立國家目標運動究應屬於社會運動或政治運動？

答：我以爲這是社會運動，也是政治運動，但從舊到新、從無到有，則社會運動往往重於，更先於政治運動。因爲政治運動是靠政府及其人員爲中心去推進，而他們往往怠於，也憚於改革，社會運動則由民間推動，特別由知識分子作前鋒，他們較有學問和見解，而且比較客觀和勇於任事。臺灣的改革，尤其需要社會運動。但這不是街頭遊走或議會胡鬧。舉一個例，美國一個利益集團要求一位參議員在國會提一個議案，他頗有難色。它後來準備好了一百場演講和一百篇專欄，而且擔任的人都有相當大的號召力，那位議員覺得頗有成功的可能，乃允爲提案。反之，如果它以胡鬧和暴力爲手段，則他自必望而卻步了。

言教身教刑教政教

問：社會大衆對於目前錢與權相互爲用的政治和企業，心中多有意見，但政界商界人物仍多樂此不疲，請問此一認知差距的成因及其改革之道。

答：錢和權並非甚麼壞東西，而且能夠助人爲善，所以乃是好東西，因此爲人所喜愛和追求。問題的關鍵是在是否取之以道。孔子說得最得體：「富（錢）與貴（權），是人之所欲也，不以其道得之，不處也；貧與賤，是人之所惡也，不以其道得之，不去也。」如果錢和權私下互相利用，例如以錢買權，以權斂財，那就違法敗德，自非正人所當爲，而爲道德所不取和法律所不許。現在錢權互用以圖利，不幸正形成風氣，甚至認爲當然，這就應該加以撻伐和阻制了。

矯治之道，我曾建議「四教」：言教、身教、刑（法）教和政教。

所謂「言教」，就是上文孔子所說的以「道」爲教，而因道是一個虛名，並無一定的內容，我主張把現在的共同校訓「禮義廉恥」作爲德目，耳提面命，言之諄諄。

但還須父母師友和各界領導人物尤其是政府大員身體力行，以爲楷模。這就是身教，可望「身教者從」，並從而蔚爲風氣，以潛移默化。

孔子顧慮到言教身教的功能有時而窮，對冥頑的人更是「孺子不可教也」，所以同時不得不提出刑教和政教。他說：「導之以政，齊之以刑，民免而無恥；導之以德，齊之以禮，有恥且格。」

在戒嚴時期，法網嚴密，萬馬齊瘖，我竭力呼籲要解除戒嚴，恢宏民主，現在網開三面，僅留一面，則這一面便應依法執行，不可放縱。這就是所謂「刑教」，可望「刑期無刑」。

但同時尤須革新政治，厲行法治，推進政黨政治，杜絕選舉舞弊，肅清貪污，革除陋規，以發揚公信力，重建公權力。這是以政爲教，便是「導之以政」的「政教」，收效最宏，自不致「民免而無恥」。

統一的目標和程序

問：最後也是最敏感的一個問題——國家統一。你對此久所關心，面對中共和平攻勢逼人而來，你有何因應對策？

答：這是一個基本問題，我們不能迴避或輕率處理。我在即將出版的一本新書——《危言危行邦有道》之中的一章（〈國家統一千絲萬縷〉）提出一部分構想，並濃縮爲這樣一個「國家統一的目標和程序」：

國家統一，欲速不達，但須邁步；

全盤規劃，整批交易，分段實施；

中共允我，武裝和平，實體外交；

我允中共，三通四流，合作互助；
過渡時期，一個國家，兩個政府；
最終目標，自由民主，一國一制。

這是說，解決統一問題，現在就須全盤規劃，不是臨時急就的枝枝節節的應付辦法所能收效。規劃妥當之後，雙方便須開始「對話」，如果不能「談判」，則可由民間有力人士先行溝通。初步商討的話題，以下列四項爲優先：

一、北京能否允許臺北保持「武裝和平」，不再阻撓臺北向外國採購武器，俾與北京保持相對的自衛的武力，並不再以武力犯臺相威脅，同時允許臺北與他國建立實體（entity）實質的外交關係？

二、臺北能否接受北京的「三通」和「四流」的要求，並在貿易和經濟等方面互通有無，合作互助，以爲回應？

三、從分裂到統一，談何容易！所以毛澤東、周恩來和鄧小平，都說過那將需要一百年甚至更長，我因而曾寫〈速成統一和百年大計〉。（參看拙著《走向天堂也向地獄》）我當然希望能夠縮短這個還需六十年的統一過程，但必須強調那不是要搞一中一臺或兩個中國，而是維持一個中國兩個政府的現狀。北京能否爲一個中國的前提以及臺北對此的承諾而容忍兩個政府？臺北能否爲維持兩個政府的現狀以及北京對此的容忍而堅持「一個中國」？

四、雙方能否保證各自努力促進自由、民主、平等和均富，一俟這四者達到適當程度後，就開始談判國家統一？

我鄭重聲明：這個構想，純粹是我一人一時的拙見，未與他人自更未與政府當局談過，而且尚未成熟，旨在領教，請弗誤會。

七十八年四月一日

國民黨的氣勢和前途

時　間：七十七年八月十五日。

地　點：統一大飯店菲律賓廳。

主持人：顏文門（本報社長）

出席學者專家：（依發言順序）

陶百川（國策顧問）

高英茂（美國布朗大學教授）

呂亞力（臺大政治系教授）

田弘茂（美國威斯康辛州立大學教授）

張忠棟（臺大歷史系教授）

張旭成（美國賓州州立大學教授）

討論綱要：

一、執政黨十三全會後，黨內是否趨於分裂（分歧），未來可能發展如何？

二、內閣局部改組評價如何？
三、李登輝主席（總統）領導地位是否實質確立，日後能否主控（主導）政局發展？
四、我國軍方在未來政局中可能扮演怎樣的角色？
五、明年各項選舉及後年總統選舉之評估及對政局之影響？
六、民進黨內部能否整合，未來與執政黨力量之消長評估？
七、兩岸關係的可能發展？您的建議是甚麼？
以下是陶百川先生的意見。

——《自由時報》記者

國民黨決不致分裂

執政黨十三全會後，黨內趨於分裂的說法，我不以爲然。我以爲十三全會的特色，是李登輝總統擔任黨的主席，那是衆望所歸。今年一月我曾在《自由時報》舉辦的一次座談會中，表示總統不應兼黨主席，我認爲要從長計議，希望在七月七日舉行的十三全大會再決定，那是基於那時的情勢和政治理念所考慮的。到了十三全會舉行時，內外情勢都是李總統非兼黨主席不可，我當然樂觀其成，而李總統在這半年多來做得勝任愉快，大家深慶得人。

今後國民黨能否免於分裂呢？不錯，國民黨太大而且又是革命的黨，容易分歧、磨擦、鬥爭，九十多年來曾有黨內的紛爭，甚至分裂。但在它艱難時期便團結起來而一致對外。今後國家的局勢，也就是國民黨的環境，可以說將是非常艱苦也相當危險，它將會「兄弟鬩於牆，外禦其侮」，所以不致分裂。

擔心新人歷練不够

對這次內閣改組的評價：我覺得現在的內閣在面對內外困難的環境，應該是強勢的內閣，才能應付困境，但是新內閣我覺得不夠堅強，一部分原因是個人心態，同時也因爲歷練稍覺不夠。一位學者談及內閣體質，他用一個英文字“green”來形容，這就是說不夠成熟、不夠老練，若有大風大浪，能不能應付得很妥當，我不能不擔心。

用新人，而新人難免“green”，這在現代民主國家政黨輪替執政，新黨上臺新人歷練不夠總是難免，但一般政黨政治國家有二個補救辦法：第一是內閣制國家的閣員是從國會議員中產生，他們在野時組織了「影子內閣」儲備執政時擔當大任的人選，他們在做議員就有專門教育和專業歷練，日後擔任部長時就能勝任。第二就是有好的文官制度，政黨更迭，文官不受牽連，安於其位，所以政務不致脫節，且有經驗、老練的文官從旁協助，就不會有所謂“green”的現象。我國還沒有建立這一套制度。我希望新的閣員能虛心、能尊重專才與專家，以免政治的“green”，我祝福他們。

尊重制度不可專斷

李總統的領導地位，我相信已經確立了。我也認爲李總統已能主導政局的發展。至於今後是否很順利，則得看李總統的作風，他必須好自爲之，關鍵是要發揮民主精神，不可專斷獨行。我建議他要尊重制度、博採衆議，以衆人之智爲智，以衆人之能爲能，以衆人之心爲心，則以李總統固有的善良氣質和卓越才能，便能格外的政通人和，領導人民邁向自由均富統一的光明大道。

我國軍方在未來政局中可能扮演的角色：我希望軍方能遵照憲法第一百三十八條、一百三十九條與一百四十條的規定，以扮演軍人的角色，才是國家之福。憲法第一百三十八條規定：「全國陸海空軍，須超出個人、地域及黨派關係以外，效忠國家，愛護人民。」，憲法第一百三十九條：「任何黨派及個人不得以武裝力量爲政爭之工具。」，憲法第一百四十條：「現役軍人不得兼任文官。」

從這幾年的發展，我們固不必擔心軍人會越出軌道，在政治層面上扮演特別角色，尤其在今天的時代與環境中更無可慮。像這次燒燬《雷震回憶錄》，自很荒唐，但激起各界強烈的反響，可見卽使有極少數人想干預政治，也是不可能的了。

國民黨的勝算很大

就現在環境與情況推測明年各項選舉與後年總統選舉，這兩次選舉不會有出乎意料的變化。明年地方選舉國民黨可望仍有百分之七十左右的選票，可能會少一點，但也不會少得太多。因為國民黨對選舉很內行，例如最近將前內政部長吳伯雄先生調做臺北市長，目的就是為選舉，可見國民黨還是有智慧與力量，它的氣勢還是很旺，因為將來如由吳市長出來競選臺北市長，國民黨的勝算很大；如果吳市長不競選，而由吳市長助選國民黨的候選人，勝算也不小。

至於總統的選舉，依國民大會的現有結構，還是操在資深代表或外省人的手裏，而就這次黨內推舉李登輝先生兼任代理黨主席的過程來看，外省人較本省人更支持李登輝先生，六年之後再辦選舉，他一定能連選連任。

不過，在未來的二年之內，李總統的處境可能會很艱難，他必須好自為之，他要能充分的民主化，而不可做強人，但也不可太軟弱，他要做到孔子所說的君子之強。

現在再談一般的選舉。選舉勝敗的關鍵不外三項：一是政治的爭論，也就是西洋學者所謂"issue"，二是候選人給人的印象，三是政黨的氣勢。

以"issue"來看，現在問題很多，黨外自會充分發掘並加以利用，這對國民黨自很不利。但國民黨政權在握，資源豐富，如果想改並不很難，這要看它是否有決心了。

至於候選人的問題，過去有人把國民黨與外省人看做一體，未免吃虧。其實國民黨已經本土化了，以後是本土候選人之間的選擇問題，於是國民黨的地位已經較好於前了。這連帶影響於黨的氣勢。因為總統已是本省人，本省選民對他會有親切之感，於是國民黨的氣勢也就大好，這自會有利於國民黨的選舉。但最重要的因素還是改革，國民黨及其政府要速即改革，並用大力，使民無怨聲。

向李總統祝福和建言

本文登出時，李登輝先生的第八任總統欣滿一年之慶；我們在一年前所期待於他以及他所勉勵於己的兩件大事，憲政改革和國家統一，已經邁開了成功的大步。「一人有慶，兆民賴之」，但是「行百里者半九十」，所以我在對他祝福之時，不敢忘其憂患，於是敬貢芻蕘。

「大總統」能眞正的大

回憶一年多前，《天下》雜誌舉辦一次座談會，研討議題之一是：「第八屆總統應該具有甚麼樣的領導風格？」那時國民黨的臨時中央全會閉幕不久，黨內尚有一些戾氣，我乃貢獻一個「大」字，以謀化解。我說：「十幾年前蔣經國先生擔任國民黨主席時我在美國，我寫了封信給他，提到今後的領導，我送給他一個『大』字，就是大氣磅礴、大度包容、大處着眼、有容乃大。我們在臺灣島上待得太久的人，一般比較容易看得小、放不開。我就是提醒他要從大的地方來注意，臺灣不可能成爲軍事、外交大國，但是我們可以做經濟大國、文化大國，所以也不要妄自菲薄，祇是領導的人，心要能夠大。現在我也把『大』這個評言送給李總統，希望他氣魄要大、格局要大、度量要大。這樣才可以在這個體制之下發展，國家也就有福了。」

《天下》雜誌的編輯善解人意，採用那個「大」字，畫龍點睛，作了一個很大很大的題目——「期待『大』總統」。我對《天下》頗有知己之感。

證諸李總統一年來的心態和作風，他已成爲一位「大總統」，度量大、氣魄大、格局大，於是能容乃大，能忍乃大，能安乃大。中華民國在他領導之下，獲得行政院郝院長和立法院的充分合作和支持，可望成爲一個可敬可畏的政治大國、文化大國和經濟大國，如瑞士、以色列、新加坡或芬蘭，國土雖小而美名遠揚，豈不盛哉！

對大陸能等和忍耐

但我的憂思並不限於內部的團結與否，那雖是最基本的治國安邦的先決要素，可是「兄弟鬩於牆，外禦其侮」，我對此卻還放心，我以爲我們的憂患，乃在能否處理好對中共的關係。這並不像國內的憲政改革或民主化那樣能夠操之在我，所謂「我欲仁，斯仁至矣」，而兩岸關係或統一問題，則大半將取決於中共的善意和誠意，而那是我方所毫無把握的。

對這困境，李總統最近昭示：「今天宣佈動員戡亂時期的終止，是我們公布國統綱領後的善意表示，是非常重要的事情。對這個問題中共的態度我們不太了解，如果還是沒有善意反應，仍然維持一國兩制與四個堅持，使中華民國在國際上沒有活動的空間，這樣下去的話，最好本人要等。現在最重要的是要等，要忍耐，等到有善意回應。我今年算起來六十九歲，還有很久的時間，還有五年總統的期間可以等，我們下任誰來做總統不知道，還可以繼續等，十年二十年都可以等。」

李總統這個「等」和「忍耐」的指示，十分重要，但我們同時必須能夠「動」和「進」，所謂「動則有功」，「不進則退」。我希望也相信李總統會有同感。

何謂四通三聯兩均

我最近曾為推動兩岸關係想出三項原則和辦法。一是四通：溝通和三通（通郵通商通航）。我指出：

溝通不通　三通無門

三通不通　統一難成

二是三聯：聯絡、聯合和聯邦。我把它們與國家統一綱領所規定的進程連結起來，如次：

何謂三聯　近程聯絡

中程聯合　遠程聯邦

所謂聯絡，例如聯絡感情，以期化解敵意，培養善意。所謂聯合，例如取法於聯合國，雙方合組中華聯合國，以主持三通四流、互助合作和協商統一，以作為達到和平統一的過渡方法。

三是兩均：均富和均權。我的構想是：

社會均富　富則好禮

國家均權　均則無爭

這是國家統一以後的社會制度和政治體制，與人民有切身的利害關係，爲保障中國人民，包括鄧小平的四川人民以及我的浙江、上海和臺灣人民的安全和福祉，我們現在就當做好準備，爲他們爭得統一後應享的權利。

回憶國統會討論國統綱領時爲了要尊重「意願」抑或「權利」這個問題發生一點爭議。那時我的意見非常明確，就是像《自由時報》天天登在報上的一個號召：「尊重臺灣二千萬人（的）意願與權利」。但如果必須就兩者加以選擇，則我祇得擇取權利。因爲權利包括主權、治權、人權和民權，如果在中央政府集權控制奴役剝削之下，自必蕩然無存，而所謂「意願」者更是有「意」難伸，有「願」難償。例如任何奴隸都有生存和幸福的意願，但因沒有權利，也就如畫餅之不能充飢了。

自省自覺互動互補

以上所陳，雖就對內對外兩部分立論，但如果神而明之，則對內部分所舉的「大」，包括「能容乃大，能忍乃大，能安乃大」，也可適用於外對中共，而對中共所舉的「等」和「忍耐」

以及「溝通」、「聯絡」和「均權」等道理，也可適用於對內。

這些道理，都是平易可行，但是必須有關方面都能自省和自覺，都有善意和誠意，方能收互動互補之效，而這就不太簡單了。但願天祐吾國！天祐吾民！

八十年五月二十日

《臺灣怎樣能更好》自序

「遠景出版社」選了我一部分政論，編成這個論集，定名爲：《臺灣怎樣能更好》。

當然，臺灣已經相當的好。否則，它不可能渡過許多困境和危機而較前更安全和更安定。但是展望未來，世界局勢將更動盪，國內問題將更棘手，臺灣必須更好和更強，方能化險爲夷，遇難成祥。

這可就幾方面加以說明：

第一、如果美國與中共眞的建立外交關係，它與我國是否斷交？斷交是否就將廢止中美共同防禦條約？依我看來，我國應作這樣的假定，庶幾有備無患。但這談何容易！

第二、卽使邦交不斷，條約不廢，但靠他人總非久計，所以必須整軍經武，自強自衛。美蘇兩國已夠強大了，但是一年三百六十五日，沒有一日不在處心積慮，改良武器。不獨爲着自衛，也且用以殺敵，同時希望以此「恐怖平衡」克保「武裝和平」。許多小國，更是無一不提心吊膽，千方百計，設法增強戰備。我國在這方面應做和可做的自是很多。

第三、在這戰火可能隨時燒來的危險地區，我們的心理和精神都尚不夠健全到可以適應危難。試看那氾濫的色情！那奢侈的生活！那貪瀆的風氣！那敷衍的吏治！那青少年和知識分子的觀感和不安！如果不能及時校正，將來何能經得起狂風暴雨的考驗！現在行政院着手重振十項革新，方向很對，但內容尚嫌瑣屑，必須另作根本打算。

第四、精神固很重要，物質也須重視。如何以物質培養精神，並以精神善用物質，這是經濟政策和政治做法的重要課題。我常思慮：有朝一日，如果外資不來，內資逃匿，我國將怎樣維持適當的經濟成長和生活水準？想着能不令人憂心如焚！

第五、政治還是最重要。政治必須廉能，政務方能推行盡利，但領導實居於關鍵地位。它包括領導集團的才德和作風以及政治措施的健全和適切。而社會各界的支持和匡扶，也是它成敗的要素。我們應該怎樣更求進步？

以上這些問題，多年來向感重要，現因時勢危急，更覺突出。本書對此試加論列。其中有的最近方寫，有的則寫在〈尼克森震撼〉之後。因爲許多問題現尚存在，文中所提供的一些看法和對策也尚有效，不揣譾陋，一併收印。但是有的雖尚中肯，有的祇是點到爲止，而有的卻恐錯誤，至祈讀者進而敎之！

此外，四個月來，承《中國時報》和《聯合報》的出版公司爲我集印兩書：前者關於內政，書名是《臺灣要更好》，後者關於外交，叫做《東亞豪賭》。如承參閱，則對臺灣怎樣能更好這個大問題，可能會有更好的了解。

六十七年八月一日 臺北

展望兩三年內的政治趨勢

——答覆《遠見》雜誌三個重大問題

問：照目前趨勢發展下去，未來幾年，海峽兩岸關係可能有那些重大變化？中共最終吞併臺灣的可能性有多高？

答：目前趨勢，臺北是逐步地放鬆和退讓，而北平則反而「敵疲我打，敵退我進」，並且聲言要「搞點動作」，「加點壓力」。

預測海峽兩岸關係

年來爲了減少雙方的敵意，緩和雙方的緊張情勢，以期循序漸進於自由、民主、均富的和平統一，我們把三不三拒的政略政術都逐漸修正放鬆了。於是不通郵而通信，不通商而通貨，不通航而通運，甚至進一步不接觸而交流，不談判而談話，不妥協而放鬆。

陳立夫先生和我等三十四位中央評議委員要求中共放棄四個堅持和武力犯臺而後予以五十億

到一百億美元低利貸款的提案，更是不計私人利害以突破禁忌的統一試步。

可是中共卻依然高調四個堅持和武力威脅。而且九月十八日《民衆日報》海外專欄作家孫慶餘先生更報導：「七月十二日國民黨通過大陸政策案，次日鄧小平召集黨政要員聽取滙報，之後即說：國民黨已有了『鬆動的兆頭』，有個別代表（指陳立夫等人）對促進和平統一提了不少積極性意見！有建議就有商量，可以先作『試探性接觸』。我們逼他們三通，現在形勢發展很快，他們想不通都不行了。但國民黨仍然利用我們的開放作思想反攻，似變非變，以退為進，看來我們不『搞點動作』，不『加點壓力』，國民黨還要翹尾巴，和平統一更沒有希望。」

不受封鎖也當統一

如果中共眞的「搞點動作」，「加點壓力」，則相激相盪，後患無窮，遑論和平統一！

至於「中共最後吞併臺灣的可能性有多高」，則須看中共將來的力量和決心以及國際的形勢，但最重要的還是我們自身的心態、意志、作法和力量。衡量各種情勢，我預測將會「有驚無險」、「有通無統」。

我順便引述一位臺灣黨外前輩，現在大陸任職政協常委的黃順與先生答覆新聞記者的一段話，以供參考。關於中共是否會用武力犯臺？黃順與答：「這還是與臺獨的表面化與否有關，目前看來應不是以槍彈，而是用封鎖，因為封鎖是最無奈而最有效的方法。如果退一步來說，民進黨執政而且宣布獨立，中共便會採取行動，這是中共任何當權者都會採取的行動。……但是局勢在變化，中共自己也從解放臺灣改爲一國兩制，這也是遷就事實而無可奈何的讓步。」

我要提醒中共不可輕信和輕言封鎖。因爲封鎖必將演成戰爭，而戰爭自必兩敗俱傷而斷送和平統一。

但拖延也不是上策，統一乃勢所必然，我正在考慮提出一套「全盤規劃，整批交易而分段實施」的構想。

應該有李登輝政策

問：李總統就任到如今有沒有呈現出一套「李登輝政策」？他對中華民國未來的國運，將有何影響？您認爲他該如何做好國家領導人的角色？

答：我現在還看不清一套所謂「李登輝政策」。因爲許多政策還是舊貫。例如充實國會問題，仍採自願退職的原則，而荆棘滿途，未必能夠順利解決。

再如地方自治法制化，其實乃是憲法化，但省主席問題仍擬授權省議會行使同意權，爭議頗烈，而院轄市長怎樣產生，迄無定論。

又如人民團體及其政黨問題，雖依過去規劃訂有組織法草案，但議論很多，遠景不妙。

至於大陸政策，則進退兩難，舉棋不定，而「三不」「三拒」顯難滿足社會的要求和對抗中共的統戰。

此外，關於蔣經國總統生前交議的改進社會秩序和社會風氣的課題，政府維持社會秩序的努力漸見成效，但社會風氣則淫風瀰漫，盜風熾烈，迄未改善。

更可怕的乃是「法度弛，紀綱壞」，「在上者積寬成柔，積柔成怯，積怯成畏，積畏成廢。在下者積慢成驕，積驕成怨，積怨成橫，積橫成敢。」（明儒呂坤）

但是以上這些問題都是多年累積起來的政治「玉連環」，本來不易解開，何況李總統接事八個月，自須假以較長時間，方克有濟。

李總統在國家是元首，在三軍是統帥，在執政黨是主席，在社會是導師，他擁有超高的名器、榮譽和權力，當然也肩負重大的責任和義務及其挑戰。我期待他能發揚大智、大仁、大勇，以及大誠、大公、大度的精神，領導全民邁向自由、平等、民主、富裕、團結、安全以及三民主義統一中國的光明大道。

民意機關的病和治

問：很多人擔心，臺灣愈民主化，愈走向權錢結合的金權政治，您對這種走勢的看法如何？又能否比較一下，您在監察院時的監委，和現今增額監委的操持有何不同？爲何有此差別？

答：說來話長，而且今天我已說得太多了，容俟他日。不過現在我可指出一點：這是特殊文化和庸俗潮流的問題，已經形成風氣，而「草上之風必偃」，所以如非特立獨行，一般民意代表很難不受感染。

今天是孔子誕辰，我想到他的矯治之道是「道之以政，齊之以刑，民免而無恥；道之以德，齊之以禮，有恥且格」。這是說，孔子主張以德和禮也就是所謂禮義規範去啓導和約制個人行為和社會風氣，他不主張使用政治方法和刑罰，但我以為這兩套都有用處，不可偏廢。所以此時此地，不獨須導之以德，也得導之以政，不獨須齊之以禮，也得齊之以刑。

現在各舉一例：

所謂「導之以政」的政，例如爲立法院導入政黨政治，改良議事規則，爲監察院提高候選人資格，甚或將監委改爲普選產生。

所謂「齊之以刑」，例如厲行法治，有罪必罰。「君臣上下貴賤皆（服）從法，此之謂大治。」（管子）

所謂「導之以德」和「齊之以禮」的「德」和「禮」，我舉出多年來作為共同校訓的「禮義廉恥」。對民意代表，我特別強調「廉」和「恥」，因爲不廉則無恥，而「士大夫之無恥是謂國恥」（顧亭林），豈可不特別恐懼戒愼麼！

起碼的政治革新

去國二年，於月前歸國的監察委員陶百川，希望目前隸屬於行政院的地方法院和高等法院應該改隸司法院，庶幾法官可以獨立審判，不受行政機關和兼做律師的立委的干擾。

同時，他希望法官對於貪汚案件要根據貪汚治罪條例，對情節重大者，判處死刑，以爲貪墨舞弊者戒。陶百川認爲姑息足以養奸，像對盜豆案的處刑，就嫌太輕。

關於公務員懲戒委員會，陶百川頗感失望。他說，過去的不談，這次兩個彈劾案，聽說一時還不能進行懲戒。上級人員的干擾，是最大的癥結。

談到五大疑案中的「日片案」時，他認爲政府爲防患於未然，最好改行統購競銷辦法，以代替現行的配額方式。

說到呆帳案時，他認爲這是一個非常値得重視的案子，而且就案情而言，也比東亞貸款案要大得多。陶委員告訴記者，二年前，他尙未出國時，曾與另一位監察委員曹啓文奉派調查這個案子，在他去國以後，這個案子改由財政委員會和經濟委員會全體委員分八組繼續調查。希望這個國人非常關心的大案子，早日查個水落石出。

陶百川談到監察院在本月份將舉行年度巡察，普遍巡視中央及地方機關，十一月份並將舉行年度總檢討會。陶委員希望監察院能利用這段時間，認眞切實檢討，如何加強監察職權，以及改進監察院的作風，以配合 蔣總統進一步刷新政風的指示。

關於立法院方面，陶百川認為最使人困擾的問題，莫過於立委之做律師和會計師。少數立法委員兼任了律師、會計師，難免會利用本身的身分和權力，做出一些違法圖利的勾當，有些弊病便由此而生。但是國家又不能禁止立委兼做律師、會計師，陶委員希望能參考外國法律，凡兼做律師、會計師的立委，必須避免與政府機關「打交道」，例如，擔任政府機關和公營機構的顧問，即使是臨時性的顧問工作，也應避免。他們當然可以充任一般商民的法律顧問或會計顧問，但與政府有利害關係的案件，一律應該迴避。

陶百川對於政府的行政部門，寄以很大的希望，但也感到相當失望。他說像五大案中的「盜豆案」，其情節之曲折離奇超過了《今古奇觀》和《官場現形記》。對於黃豆的被盜，主管機關早就應該發現，早就應該追贓追保了。

又如呆帳、和大秦、東亞等案，根本就不應該發生。上級機關早就應該自我檢討和糾正。然而在今天，必須要等到鬧得滿城風雨，上級機關方才開始注意，未免有愧職守。陶百川認為要刷新政風，行政機關首先要更求健全。

政治人物先須謹言自修

××兄：囑寫之稿，經認眞思考，竊以爲政府首當謹言愼行，不使好事者有可乘之隙，而此則無需於弟來呼號也。不知吾兄及××先生亦有同感否？知念率覆，順頌

編祺

八十年八月二十日

按：一位友人要我寫一短文，呵責新聞記者煽風放火，搞亂政局。我則以爲現實政治中（包括總統府與行政院、國民黨與民進黨、國民黨內部各派系以及政府與中共）不是沒有矛盾衝突的不祥之兆，新聞記者的負面作用，微不足道。「止謗莫如自修」，政治人物首須「謹言愼行」，不可「專斷輕率」。

民意代表還不自愛自救！

張力行記

記者撰述這個專欄，到今天已整整十一篇。對於「國會問題」的各方面，已有相當詳盡的分析。寫完這篇，卽告一結束。

今天，記者訪談的對象是監察委員陶百川先生。陶先生指出民意機關要健全必須具備三個條件：一是定期改選，二是老百姓不斷督促，三是建立反對黨制度。

一

陶委員認爲，任何生物都應有新陳代謝，才能推陳出新；就民意機關而論，促進新陳代謝主要是定期改選。如美國的衆議院，規定每兩年改選一次，最近詹森總統主張延長爲四年，但各方反應不佳。至於參議院，其任期是六年，但每兩年必須改選其中三分之一，所以每兩年既有三分之一的新分子參加，自然推陳出新，達到了新陳代謝的作用。

據陶委員說，國會因常常改選，議員平時就不得不兢兢業業，善盡責任；且非如此不能贏得選民擁戴，否則改選時將被淘汰，而事實上，因競爭很激烈，行爲不軌品行不端的國會議員，勢難獲得連任。他認爲，假如我們的國會現在能夠改選，那麼立監委及國代的素質與風氣，一定比目前要好得多。

陶氏指出，今春國民大會所通過的修正臨時條款規定辦理增補選中央民意代表案，希望不要再拖延，應該早日擬訂辦法來實施。他並認爲，當時國大通過修正案時，可惜未能在臨時條款中明文規定臺灣地區及海外僑選地區的立監委及國代名額，可比照憲法規定擴增一倍。例如憲法第二十六條規定每縣市及其同等區域各選出國大代表一人，改爲增選至二人，其中人口逾五十萬人者，該條規定每增加五十萬人增選代表一人，即應改爲增選代表二人。立監委名額亦然，均比照規定增加一倍之數，如此在維持國家法統狀態中，定能增加新的力量，這是在無法全部改選的今天，一個「兩全其美」的作法。不過，他覺得今天再來談這個問題，已經太遲了。

二

關於老百姓——即選民的督促，他認爲盟邦美國，是很好的模範，值得借鏡。據陶委員說，美國國會議員，凡遇重大案件發生，經常總是徵求選民的意見，而選民也常寫信給議員加以慰勉及不時加以督責，隨時提供意見。在重要關頭，一個議員在一天之中竟有收到一萬封以上的來信，來信愈多，表示他的責任愈大。

陶委員說，惟獨有一點是我們無法做到的，這就是美國國會參議院每一議員，至少有兩個事務所，一在聯邦政府所在地的華盛頓，一在自己的選區。兩個事務所平均維持二十多名職員，爲該議員處理事務，而這筆龐大薪津開銷，係由政府負擔。關於這一點，我們無法辦到。

不過，陶委員認爲，在我們中國，不僅民意代表一旦當選後與選民脫節，而且選民再也不管當選人，後者形成「斷線風箏」，不能眞正代表民意，而眞正民意也找不到代表去反應。因此，陶氏希望今後我國的代議機關，如要健全，須賴選民多多督促。

三

談到建立「反對黨」制度的問題，依陶委員的看法，因有健全的反對黨，在競選時各政黨不能不提出它最好的人選出來，否則很容易被有組織的對方所擊敗。平時因有反對黨「虎視眈眈」，時時想取而代之，執政黨那有不戰戰兢兢的道理？所以也就不敢爲非作歹，必須格外奮勉。而且一旦如有少數不良分子爲非作歹，同黨人士極可能「官官相護」，但反對黨一定利用機會加以反擊，以期取而代之，於是，執政黨不敢甚至不能「腐化」。

陶委員說，反對黨制度是政治上的防腐劑，無此制度，卽無眞正民主，共產極權國家可爲明證，他們雖也有憲法與國會，但是沒有民主，因爲不容許反對黨的存在。

「中國在法制上有反對黨，事實上也有反對黨」，據陶委員說，「但可惜我國的反對黨不夠強大，因此不能起應有的作用。」

他說，因此有些防腐工作，不得不由執政黨的民意代表自己來做，這雖違反憲政常規，而且這些執政黨的民意代表在責難自己的執政同志時，也必定深感痛苦，但確為事實所必需。

至於這次所發生的五大疑案中，有些民意代表牽涉在內，陶委員認為「自屬不幸」。他說，幸而，輿論界並沒有「以偏概全」，所以民意機關的基礎並未因此動搖。

陶委員說，以我國而論，情形比較特殊，以上所說三點意見，那是健全民意機關的必備條件，不過我們卻一條也沒有具備。如果民意代表本身不知自愛自救，則民意代表墮落的時候，不獨民意機關將一蹶不振，國家和人民也將遭受很大的災害！

四

記者執筆至此，對於陶委員以及前述各學者專家所談種種情形，不禁擲筆三嘆！但願從今天起，我們的國會漸漸健全起來，我們的民意代表都能「自愛」、「自救」，並進而拯救我們的國家。

彈許案的茶壺風波

監察院日前彈劾許阿桂檢察官一案挑起風波，該院黃尊秋院長發表談話，認爲各界應冷靜看待，好讓公懲會依法處理。我曾爲此向當局進言，說：我支持黃院長的態度，卽使總統或黨主席此時也不宜公開表態，好讓公懲會依法處理。蔣老總統對待監察院彈劾兪鴻鈞院長案的方針，可作範例。

八十年十一月十二日

刑法第一百條的病灶

近來民間反對刑法第一百條（內亂罪）的聲浪高漲，運動頻繁，我以爲其情可原，因爲過去四十多年來第一百條的確寃枉了許多人輕罪重罰，很多人且被處死刑。但近幾年來情形已大爲改善。關鍵何在？在於是否是軍法審判抑或司法審判。

因爲軍法審判是一庭判決，一審確定，不准多說，不得上訴，當然不夠審愼和公正，從而造成許多寃獄和枉死。我一向很不以爲然，所以早已呼籲必須改革。現在幸而戒嚴解除，懲治叛亂條例已經廢除，於是內亂罪須歸司法審判，自較審愼和公正。從此反對者不得再以過去戒嚴時期軍法審判的惡劣情形來反對第一百條了。我將這點指出來，爲第一百條辯護。

刑法的功能是在嚇阻從而預防犯罪，所謂「刑期（望）無刑」。所以任何國家都有刑法和刑罰，也都對內亂罪加以懲治，我國怎可輕言廢止。而且內亂罪以後都歸司法審判，可望公開和公正，所以不必也不應再反對了。

《聯合報》對臺灣社會的責任

一

《聯合報》十五週年紀念特刊向我徵文的題目是〈報紙對現代社會的責任〉。這個題目因有幾段美國文章可譯，寫起來原較容易。現在經我改爲這個題目，雖似難寫，但可寫得具體一些，對讀者或較有裨益。

現代社會對報紙的需求，與報紙的關係，尤其是《聯合報》對臺灣社會的責任，可就下列各點加以說明：

第一、臺灣的經濟雖在起飛，但飛得不高，不遠，而且祇限於輕工業和農產品加工，與一般先進國家的現代化程度相差尙遠。

如何促進臺灣經濟的現代化，報紙負有很大的責任。因爲現代化就是科學化，而科學和技術知識的提倡和灌輸，有賴於報紙的鼓吹和報導者也很多。

莫說現代化是天經地義，可是人類的觀念常與現代化衝突。英國有一「海外奇談」，說明現代化過程中可能遭遇的阻力。相傳火車發明之後，英國國會舉行一場辯論，很多議員反對火車，其中一人慷慨陳辭，指出牛在跨過火車軌道時有被火車撞死的危險，他說：「你能保證牛不被撞死麼？」

這個故事，現在自被認爲是笑話，然那時卻爲反對者所津津樂道。我國清末也有反對鐵路的風潮，卽在今天的臺灣也仍有許多爲牛而反對火車的類似故事。如何振聾發聵，去蔽解惑，報紙負着很大的使命。

此外，經濟發展有賴於產品的推銷和推廣，而其手段和媒介之一，就是報紙的廣告，如果報紙的銷數不多，廣告的效力就很有限。國際貿易的發展，更有賴於國外市場消息的靈通。英美各國的通訊社經常供給商業消息，可惜臺灣報紙因爲篇幅所限，不能盡量刊載。至於外國工商管理的進步情形，產品改良和發明的突飛猛進，也因臺灣報導太少，國人所知不多，再加其他原因，經濟發展自必阻滯和落後。

二

第二、不僅在經濟領域內，就連政治、教育和社會等任何一方面，臺灣都需要一個進步運動。蔣總統最近曾作提綱式的指示，要嚴院長所領導的新政府「進一步刷新政風」。稍久以前，他更要求政府各部門都要「求新、求速、務實、務簡」。換言之，一切都要力求進步。

這使我想起了美國六七十年前的進步運動和掃糞工作。從一九〇一年開始，由美國新聞界（特別是幾個雜誌）帶頭，國內掀起了改革的浪潮。

在政治方面，美國進步派人士主張直接民權（直接選舉、罷免、創制、複決），以補救代議制度。他們更致力於市政的革新，特別是反對政客和大亨們把持並腐化市政。

在經濟方面，進步派人士主張改良的資本主義，在保存個人自由和財產權的條件下，容忍政府的干涉。他們也反對社會主義者的土地革命，而主張以單一稅制，徵收不勞而獲的地價稅。孫中山先生平均地權的早期理論卽由此而來。

在社會方面，進步派人士竭力爭取勞工的保護，貧民的福利，兒童的樂育。他們在這方面的成績最爲顯著。

上述進步或改革運動的倡導和推動，新聞記者出力特多。《美國歷史》作者卡曼指出：「若干通俗雜誌和日報的存在，使革新人士獲得達到廣大民衆的有效機構。還有若干能幹的作家乘機把進步派反對現狀的言論廣爲宣傳。這些被（百註：美國前總統提阿多羅斯福）稱爲『掃糞工作者』集中才智，盡量揭發美國政治和經濟生活上的惡習」。這些掃糞工作者，不是別人，就是新聞記者。

不要讓美國新聞記者專美於前，臺灣的報紙也當參加　蔣總統所關切的「刷新」運動。

三

第三、新聞事業不當以報導消息和發表評論認爲已盡它對社會的責任，它對社會尚須有更多的服務。

一位著名的報人雷斯指出社會有權要求報紙另做三事：

一、報紙須做所在城鎮的監護人；

二、報紙須盡責保護社會道德；

三、報紙須爲讀者的利益而奮鬥。

報紙服務社會的義務，最好以美國十大報紙之一的《聖路易郵報》創辦人普立玆的臨別贈言，也就是刊在該報社論版的那個報銘來說明。他說：「我深信我退休之後，報社基本原則將無改變：仍將爲進步和改革而奮鬥，永不原恕邪惡和腐敗；經常向各黨派的煽動分子作戰，永不隸屬於任何黨派；經常反對特殊階級和社會公敵，對窮苦人民永不缺乏同情；經常提倡社會福利，永不以單純刊布新聞爲滿足；維持絕對的獨立；無論貧富，向惡勢力進攻，絕不畏縮。」（借用馮志翔先生譯文）。這些原則，就是美國普立玆新聞獎金的審核標準，對新聞事業具有很大的啓示性和鼓勵力。

美國的一般報紙經常在做社會服務工作。對於重大的問題，它們集中篇幅，並展開爲一種持續的運動。例如《紐約時報》的攻擊紐約一個政治邪惡勢力 Tweed Ring，《聖路易郵報》的揭發監獄和牛乳業的黑暗和弊病，北卡州兩家週刊的反對三K黨，《麥克魯》雜誌的連載〈城市的恥辱〉，《柯里爾》雜誌的發表〈廣告和成藥業不忠實的研究〉，《宇宙》雜誌的刊載〈參議院叛逆〉……這些掃糞文字，眞是更僕難數。

但是服務社會當然不能僅限於掃糞，各國的報紙也常在社論中提出許多積極的建議，尤其是關於報紙所在地市政的改良和社會的進步。

至於今天臺灣的報紙，更須負起反共的政治使命。對這一點，大家做得都很好。但是我們政治和社會的革新和進步，乃是反共的資本，臺灣報紙做得似乎還不夠。

四

第四、且不說一般經濟事業，其實作爲進步樞紐的新聞事業，它本身的發育也不健全。下列癥結，影響最大：

一、經濟的發展，社會的進步，因素雖然很多，但最重要的一種推動力量，一般人都承認是競爭，公平的競爭。可是我國迄今尚不准辦新報。這個限制（且不說它是禁令）就有類於上述爲牛而反對火車的愚蠢。姑不說外國如何，這種阻礙進步的不合理的措施，即使我國北洋政府時代也沒有，對日抗戰時期也沒有，我想不出今日這樣堅持不放鬆的理由究竟何在。

二、現有幾家報紙，出紙祇准兩張，「逢年過節」方許增張。這更是臺灣所獨有的措施，而也是北洋時代和抗戰時期所沒有的。這個類似「牛和火車」的「德政」，相沿頗久，但那時臺灣經濟還在地上蠕動，尚有可原，現在是甚麼時代！一般經濟已從爬行而走路，由走路而起飛，但政府卻不許報紙走前一步。難怪許多好消息祇得割愛，當然更不必去發掘新聞，以增廣讀者的見聞；許多好文章祇得婉謝，所以天下多專欄作家，而我獨無；許多廣告祇得緩登，以致在他國是報社有求於廣告客戶，而在臺灣則廣告客戶有時卻須「拜託」報社；許多學新聞的青年祇得望報興嘆，走投無路，而同一政府卻年年要求新聞學校或新聞系增班添人，大量製造失業者；許多紙廠祇得減產，甚至倒閉，而政府卻不肯開報紙之網，解紙廠之厄。

臺灣的新聞事業如果因落後而有負於讀者，如果對社會的現代化沒有克盡厥職，以上兩項便是最大的癥結。而這兩項責任卻由政府很勇敢的任怨任咎的負起來了！但是何苦來呢！

五

十五年來，《聯合報》處理新聞和發表意見，竭力想做到亦剛亦健而不憂不懼，惟信惟實而不偏不黨，這就是《紐約時報》的報銘 Without Fear of Favor。所以它的銷路能夠不斷推廣，它的聲譽能夠繼續增高。但是權利與義務成正比例，榮譽與責任也成正比例，《聯合報》對讀者的義務也因而加大，對社會的責任也因而加重。

孔子說：「吾十有五而志於學」。我們希望《聯合報》今後增加篇幅，充實內容，向現代各國的報紙看齊，並取法它們的服務精神和做法，倡導和鼓勵政治和社會的改革和進步，以舒民困，以利國家。

監察院的院務檢討

監察院院務檢討意見之一

本席離國兩年，雖然身在國外，但對於本院院務一直都很關切，今天要說的話很多，不過時間關係，我不想佔據各位很多時間，僅先提出三點來供各位參考：

第一、我想各位委員都已看到昨天《徵信新聞報》登出的一段消息，它是根據本院工作報告所說的：本院過去一年中有十六個案子應該早就提出調查報告而沒有提出來。它還列舉各案的案由，負責調查委員的姓名和某案甚麼時候派查，到現在已超過多少時候。其中有一個案子已拖了好幾年。我覺得這個問題，在年度檢討會的時候應該予以注意。

我不曉得牽涉在這十六個案子裏面的委員，爲甚麼沒有提出報告。我想一定有原因，不過沒有報告院裏。我覺得院在編報告時，應該把所以不能提出調查報告的原因，在書面報告中加以說明，使同人可以了解。

我現在想建議一個辦法：由院務小組決議；限定在今年十二月底以前提出調查報告，假使再不提出來，院長應該把沒有提出報告的案子提交一月份的院會加以檢討。

第二、我聯想到本院委員，尤其這幾位沒有如期提出調查報告的委員，是不是曾向有關機關把有關的卷宗調來，而到現在沒有還給有關機關。假使有，不曉得在時間上是不是也擱置了那麼久：一年，或者甚至於超過一年。希望我們同人大家能夠自己檢查一下。

對此我也提出建議，這一種卷也要在今年十二月底以前，無論案子結與不結，都要還給有關機關。假使調查委員還要繼續看，寧可明年一月再去調。因為卷在此地擺下來，或者封起來，有關機關應該做的事，就不能做了。發還他，讓他把公事處理後，你再去調，庶幾兩方面的便利都顧到了。絕不許超過一年而還繼續擺在此地，甚至有關機關來催還亦置之不理。我以為院長應該負起責任，交秘書處查一下，凡是調卷超過相當時候的，應該通知他還給有關機關。如再繼續擱下去，院長應該提報一月份院會，聽候同仁的檢討。

剛才所講的問題固很重大，但是還有一個更重大的案子，值得提出來大家檢討。就是最近本院發生三位委員被逮捕的事。這個案子很嚴重，假定我們不加以檢討，而僅檢討雞毛蒜皮的事情，那就搔不着癢處。

但我們檢討這件事，重點不要放在三位委員是否寃枉，是否應該判罪或不應該判罪，是否應該逮捕或不應該逮捕。因為這件案子還在偵查期間，將來總會水落石出。假使他們是寃枉的，他們可以依據寃獄賠償法要求國家賠償，可以要求國家洗刷他們的名譽。假使不寃枉，法律之前人人平等，他們當然難逃罪刑。所以這不是我們所應檢討的。不過從這個案子發生以後，院的名譽，遭受到重大的損失，本院同仁的工作精神，恐怕也受到嚴重的打擊。院的名譽遭受損失，我們應該如何補救？同仁工作精神遭受打擊，我們應該如何恢復？我覺得在年度檢討會時很有檢討的必要。

一生民主崎嶇路

——在舊金山歡迎傑出民主人士餐會致詞

今晚承灣區各界僑領以盛大晚餐歡迎大陸、臺灣和香港三地一九九一年度的傑出民主人士，我們很感光榮。民主之路非常崎嶇，我們走得雖很辛苦，但迄今尙未進入坦途，須勞各位僑領繼續協助和鼓勵。現在我以臺灣為例，報告一些民主崎嶇的情形。

中國沒有民主傳統

我在下午的座談會中指出中國沒有民主的傳統和文化，所以衹有五年的歷史，而且迄未進入坦途。九十年前我生下來的前五年戊戌政變失敗，六君子被殺，光緒被囚，慈禧執政。後八年，辛亥革命成功，但孫中山先生的臨時大總統僅做三個月就被逼讓位給袁世凱，而他不久就自立為王。以後軍閥割據，雖經國民革命軍北伐統一，在民國十八年開始訓政，許以六年為限，到時還政於民，並提出五五憲法草案，預定民國二十五年召開制憲國民大會，制訂憲法。但因日本屢次侵犯，先後有「九一八」、「一二八」和「七七」事變，連年抗戰，民主止步。

民國十三年中國國民黨改組，我二十二歲，就讀大學，爲了反對軍閥和帝國主義，加入國民黨，在上海北洋軍閥的大刀下從事學生運動。我的工作重在文宣方面。先在學校辦壁報，後來相繼主編《向前進》、《大路》、《血路》，以至最後的《中央周刊》和《智慧周刊》。

上海開民主風氣之先，訓政時期就設置民意機關，臨時參議會，我任參議員。抗戰勝利後，臨時參議會擴大組織，改爲民選，我願爲桑梓服務，放棄國民參政會參政員的崇高地位，參選上海市臨時參議員，一年後就由參議會選我爲監察委員。

五權幾乎變爲一權

提起國民參政會，它是一個戰時的民意機關，代表二百人，包括各省市信望卓著以及各黨各派和教育界文化界人士，包括毛澤東和胡適等。

國民參政會任務之一，是審查五五憲草。我最大的貢獻，是反對設置國民大會議政會，由它代表國大行使立法院的大部分職權，並對政府有不信任權，它想把無形的國民大會篡改爲綜攬政權治權的一個太上政府，從而把五權憲法改爲國民大會的一權憲法。最可怪的，是執政黨和政府卻不知利害，全力支持。祇有我一人，在大會中堅決反對。那時蔣委員長兼任議長，親自主持大會，在聽了我舌戰羣雄以後，爲我所感動，裁決：把全案和我的反對意見一併送請政府研究處理。於是那個怪獸就此胎死腹中。

經國總統先知先導

民國三十四年抗戰勝利，政府在第二年就召開制憲國民大會，制定現行憲法。我是國大代表，方慶民主邁步前進，但第四年就因中共奪權，政府遷臺，戡亂戒嚴。幸而臺灣的地方自治仍能在民國四十年代卓然有成。我們應該感謝蔣經國總統，臺灣全面性的民主改革，包括解除戒嚴、解除黨禁、解除報禁，四年前一一完成。於是李總統乃能進一步終止動員戡亂，廢止臨時條款，勸退資深民代，改選國大代表，大力修改憲法，以期完成民主改革。

我對臺灣多年來的民主改革開放，包括解除黨禁報禁和戒嚴以及最近的憲政改革運動，可以說得上是「無役不從」。那不因爲我有甚麼過人的智慧和勇氣，正好相反，我很平庸也很謹愼。我所以能有一些成就和貢獻，主要是因做了三十多年的監察委員，辭職後奉聘爲總統府國策顧問，凡此兩職，對國家都負有言責，而監察委員更須監察政府及其文武百官，後者如果違法失職，便須加以糾彈。本着這種職責和權力，我認爲戒嚴、黨禁和報禁等措施都是於法不合，於是不斷地呼號和叮嚀，要求解除。但我不能遵守古訓：「時然後言」，「信而後諫」，而言之過早，以致焦頭爛額，苦不堪言。

天堂地獄面臨歧途

幸而蔣經國總統鑒於時代變了、環境變了、潮流也變了，在五年前大發宏願，大力推動改革開放，國家前途因而大放光明。二千多年來的君主專制至此方見到了民主的光明。

但是民主之路現在還很崎嶇。改革開放之後，「利之所在，弊亦隨之」，社會脫序，政界爭權，一片亂象。而大陸和香港的民主現狀和前途則更遜於臺灣。所以我在今天下午的座談會指出：我們正在「走向天堂，也向地獄」。中國民主教育基金會和在座各位僑胞都請繼續鼓勵和協助我們，把臺灣、大陸和香港三地的民主推上坦路，同登天堂。

八十一年四月二十五日

兩岸關係與和平演變

百年統一提前完成

海峽兩岸關係如何定位，我們必須速籌對策。茲特效法民國二十三年徐道鄰先生的〈敵乎友乎〉，寫這〈中國統一的百年大計〉，擬於七十四年四月底在美國一次演講中公開發表。那時我已堅辭國策顧問，我可聲明我所說的完全是我個人的意見，與政府無涉。但徵詢友人意見後，我取消了那次演講，本文亦迄未發表。

七十八年三月十日

毛周鄧都說要百年

兩個或更多的分裂國家要統而為一，本來是很困難的。試看二次大戰後，西德復興很快，力謀統一，但在一九七三年不得不認為統一已不可能而與東德訂立條約，規定雙方互尊主權、獨立、自由和領土完整。從此德國可能永久分裂。

至於中國，海峽兩岸當局雖都說要統一，但是形格勢禁，迄今還遙遙無期。

面對統一之難，我一向不敢樂觀其速成，所以多年前提過一個口號：「今天兩個中國，明天一個中國」。而今天的兩個中國要能統一為一個中國，我又建議必須通過三個階段：一是現在的相持階段，二是將來的合作階段，三是最後的統一階段。統一不可能一步登天，但也不可毫無作為，更不可反其道而行之。

完成統一究竟需要多長時間呢？引用中共幾位領導人包括毛澤東和周恩來的話，它可能是十年八年，也可能是一百年。鄧小平也這樣說過。今年（一九八五年）一月三日香港《文滙報》還登載他所說的：「一百年不統一，一千年總要統一。」他也說過：中國是個忍耐的民族，他們能夠等得很久。

這些話實在不假，試想中共擬以一國兩制統治香港，在一九九七年後尚需五十年不變，對於與臺灣的統一，自更需要較五十年更長的時間了。

實事求是，我認為和平統一乃是「百年大計」，所以提出這個以百年（從一九四九年至二〇四九年）為期的計畫。它包括左列五個方針：

一、以宣傳休戰，培養和諧氣氛。

二、以外交休戰，發揚大漢聲威。

三、以合作互助，造福兩岸同胞。

四、以主權聯合，保障和平共存。

五、以自由民主，促成國家統一。（註：這五個方針，經在七十七年修正，排印於後。七十八年三月註。）

請略加說明。

首先必須培養海峽兩岸當局之間的和諧氣氛，以期逐漸化解怨恨。例如臺北方面不可再用「共匪」「鄧矮」等字樣，北京（還有仍稱「北平」的必要麼！）方面也不可再作「封鎖」「用武」等威脅。雙方並須避免就對方作幸災樂禍的表示。

其次，外交方面也須休戰。現在兩個中國乃是事實，而將來必須統一，也是雙方的國策。則在外交方面彼此容忍，對於現在大局和未來歸趨並無大礙，而且殊途同歸，發揚大漢聲威。

臺北方面過去堅持「漢賊不兩立」，現則退避遷就，百般忍讓，但北京方面則猶似「葉公好龍」，不肯面對眞龍。近如它突然拒絕參加美國大西洋委員會的臺灣問題學術討論會，遠如拒絕參與世界女子壘球隊在臺北舉行的球賽，其僵硬頑固，比較臺北昔年的「以不變應萬變」，尤且過之，則如何能使臺北接受談判，討論更大的問題！

聯合國是可行模式

但是「相駡無好聲，相打無好拳」，中國現在正處在相駡的階段，相互間不獨不會有好聲，而且可能大打出手。所以必須有和解的了解和相關的安排，而後方能言歸於好。於是我乃提出第三個方針：「以主權聯合保障和平共存」。它具有承前啓後的主導作用。

何謂「主權聯合」(sovereignty association)？是兩個具有主權的政治實體的團結和合作。好像聯合國，它就是許多國家爲維持世界和平和互助合作俾能共存共榮的一個國際組合，會員國各自保有固有的土地和主權，不把它們讓渡給聯合國。

本這模式，我提出左列原則：

一、在國家和平統一前，中華民國和中華人民共和國雙方應在經濟、貿易、文化、科技和社會方面互助合作。

二、雙方各派代表三人組織聯絡小組，掌理聯繫、合作和協調事宜。

三、雙方各自保有現有的人民、土地、主權及其政府法制、立國原則和國防設施，互相尊重，不得干涉。

四、雙方保證以和平方法解決爭端，以溝通協調增進共識，不得使用武力或以武力相威脅。

五、在經過一段和平共存時期後，雙方互派代表成立國家和平統一計畫委員會，討論統一事宜，但對重大事項各擁有否決權。

上列第五項所稱商討和平統一計畫的時間，似應定在西曆二千零五十年以後。因爲那時中共統治香港已滿五十年，它的政策是否在一九九七年後五十年不變以及它的信用和政績是否使人悅服，那時已見分曉，如果一切都好，和平統一應有很大可能。

但是還須看大陸的民主建設是否能夠保障人民的自由和福利。所以我尚須強調第四個方針：「以自由民主促成國家統一」。

理由很簡單，假使中共老是固執它的四個堅持，臺灣人民怎會願意跟它統一於社會（共產）主義、人民民主（無產階級）專政、馬列主義和毛澤東思想以及共產黨一黨專政呢！不要以爲六十五年後中共一定已經民主化，但願如此！可是鑒於蘇聯革命建國已達六十八年而仍堅持馬列主義和一黨專政，我們能不把民主建設作爲促成國家統一的原則和條件並訂在百年大計之中麼！

中共正向香港和臺灣兜售一國兩制。所謂「兩制」乃是共產制度和資本主義制度，但資本主義制度必須包含民主制度——爲民所有、爲民所治和爲民所享的法制及其實踐。沒有民主制度，就不可能有資本主義制度。然則中共眞的會在香港實施民主制度麼？

如其然也，中共可能會在中國大陸也實行民主。如果大陸民主化了，則在臺灣的政府和人民自必欣然與大陸相統一。

百年大計提前完成

但是尚有兩點也很重要。第一，中共對香港可用一國兩制過渡到一國一制，而它與中華民國的統一，則必須先用兩國兩制，而非一國兩制，然後方能達成一國一制。但那一制必須是民主制度，而不是共產制度。

其次，中共應已知道它所以能夠穩定香港的人心，它的「一國兩制五十年不變」的諾言和號召，起了極大作用。以此爲例，臺北和北京如果早日提出百年大計及其百年不變的承諾，雙方談判方有可能，並爲人民大衆所樂觀其成。

可是我懷疑雙方能有那樣的誠意，我也懷疑中共不會封鎖臺灣。如果如此，和平統一自不可能。而封鎖便是戰爭，因爲臺北必將以兵力護航，打破封鎖，於是戰爭就起，則受害者不僅臺灣，中共也將損兵折將，而且惹上侵略好戰的罪名，縱使佔領臺灣，也是得不償失。

天佑中國！雙方能用更長時間和更大耐力，照我的第三個方針，「以主權聯合，保障和平共存」，同時也「以和平共存，保障主權聯合」，持之以恆，非到自由民主實現以後，雙方同意，決不強求統一。這樣分工合作，損多補少，互助互利，共存共榮，無需百年，和平統一必能提前完成，豈不善哉！

七十四年三月十八日

（附載）陶百川的新三不主義

《新聞天地》

息言已久的國策顧問，新聞界前輩陶百川先生，最近公開提出三點基本建議：一、充實和改造中央民意機關；二、善用戒嚴法，愼用戒嚴令；三、對中共反統戰。

他認爲「不接觸、不談判、不妥協」，並不能積極正面的反制中共的統戰，陶顧問於是建議一個「新三不」——「不恐懼、不迴避、不投降」，換言之，我們不可恐共，對中共的挑戰及其問題不必迴避，但也不可投降。

以經濟投資和中華文化促進統一

案由

以中國文化統一中國，建立共信，以投資共同實行國父實業計畫，建立互信，並以爭取大陸民心，以利和平統一案。

前言

本案之提出，爲使本黨對大陸政策一案，達成統一，更見具體，本黨同志如果：一、多數認爲鄧小平與毛澤東爲同一類型之共產黨徒，絕無改變其思想與政策之可能，二、毛之所以能一意孤行，採行外來之共產主義，陷大陸人民於水深火熱之中達數十年之久，吾人豈無早日出諸水火之責任？三、我人是否祇能靜待其變，而自認無法可以促之使變，則本案可以保留。否則此刻大陸情況時時在變，而國際情勢（尤其蘇俄）亦大大在變，則吾人是否亦應對大陸政策有加以徹底檢討之必要？

本黨以往對大陸採取消極的「三不政策」，其原因爲對付「陰謀多變」之中共，宜採取「單純易守，以拙勝巧」之方針，自屬十分正確，惟若統一有望，則有限度的接觸，爲不可避免的。後來採取三民主義統一中國之方針，號召大陸人民，促使其政府，與我趨向一共同之目標，進而謀求和平之統一，蓋國共兩次合作，其協定均開宗明義以實行三民主義爲共守之信條，但中共當局認爲「不切實際」予以拒絕，殊爲可惜。

須知國共之爭，爲保衛文化與揚棄文化之爭，而中國文化博大精深，飽經憂患，終能融化外來之文化者，以其優越於人也。順之者昌，逆之者亡，更無例外，中共如必欲以「四個堅持」作爲維繫大陸人民共信者，無異飲鴆止渴，關閉和平之門，非智者所當爲也。及時悔改，猶未爲晚，吾人亦應本「與人爲善」之心懷，導之使止，庶能早日出大陸同胞於水火之中，亦符合總裁遺囑之四大條件也。

說明

一、我們深信中國之統一爲臺灣海峽兩岸及海外全體同胞之共同願望，故僅爲時間問題，惟必須由中國人自力以達成之，其方式絕非以武力，而是以文化與經濟，亦非第三者所願或所能助成者。

二、以如此人口十餘億、歷史五千年之偉大國家，如欲謀求統一，必先建立共信，有了共信，互信乃生，互信生，自會團結統一。光輝燦爛之中華文化為建立共信之最佳條件，歷史可為明證。

三、吾國祖先，智慧高超，發明了人類共生共存共進化之原理，稱之曰「道」，其應用稱之曰「德」（說明見附件）。順之則昌，而可大可久；逆之則亡，而可悲可泣，故成為世界上之文化大國，以往凡侵略中國者，未有不受我優越文化道德之薰陶而最後被同化者，其原因在此。大陸經十年文化大革命之大破壞，以及使民無恆產而無恆心所產生之道德自然墮落，其損害慘重，史無前例，非由主政者之大力宏揚，身體力行，難期恢復。若再能全力倡導復興中華文化，以倫理、民主、科學為綱，重振四維八德（說明見附件），較諸以外來之「四個堅持」用以凝結全民，其力量之大，何啻千百倍，大陸人民亦必全體額手稱慶，且與臺灣文化復興運動趨於同一方向而合流，和平統一之門，不亦自然開啓乎！

四、和平之門一開，則可進一步走向經濟互惠之途，以臺灣之財經科技的潛力，與大陸之人力資源，合為互惠之基礎，共同成立「國家實業計畫推行委員會」，合力謀劃國父實業計畫之實施，先從東方大港與民生日用工業之規劃及實施開始，再次推及北方大港及南方大港與交通建設。如此，一則可協助大陸人民解決經濟困難，二則可奠定二十一世紀為中國人的世紀之經濟初基。

辦法

如大陸當局能放眼於中國之未來，及同意中國文化與經濟將大有助於世界之和平，則及時正式響應本黨之決議，鄭重宣言復興中國文化，重振四維八德，以替代「四個堅持」，放棄武力犯臺，並願與本黨及政府以平等及和平方式謀求中國自由、民主、均富與統一，先從文化、經濟兩方面之必需率先實現者，與我開誠合作，則吾方願以數十年上下一心辛勤所積之美金外滙資金五十至一百億元，經中國輸出入銀行，作分年長期低利貸款之數，俾與大陸同胞共享民生均富之成果。其詳細方式及其使用辦法由「國家實業計畫推行委員會」商訂之。

苟能如此進行，則共信互信，自能建立，雙方在各方面之敵對行爲，全部去除，進而作次一步政治整合之協商，根據總理「和平、奮鬥、救中國」之大方針，逐步進行，則和平統一，乃爲必然之結果也。是否有當？敬候公決，謹致

中央評議委員會

提案人：陳立夫　谷鳳翔　蕭　錚　楊亮功　劉潤才
高　信　陳奇祿　馮啓聰　查良鑑　陳雄飛
曾虛白　蔣復璁　王鐵漢　劉廣凱　趙耀東

大會決議：交中央常會研究處理。

程滄波　陳建中　張炎元　余俊賢　王叔銘
楊家麟　劉先雲　崔之道　張寶樹　董文琦
滕　傑　林　棟　蔣緯國　陶百川　陳雪屏
崔載陽　王星舟　張慶恩　馬國琳

（附載）陳立夫趙耀東資匪案不起訴

朱界陽

民進黨主席黃信介等人，告發總統府資政陳立夫及總統府國策顧問趙耀東兩人涉嫌資匪叛亂案，臺灣高等法院檢察處承辦檢察官陳耀能認爲，陳、趙二人建議貸款給大陸，是基於中共必須先放棄「四個堅持」，並願與我政府以和平方式謀求中國統一爲前提要件；準此以觀，陳、趙無叛亂之意思，昨天依法將兩人處分不起訴。

不起訴處分書指出，告發人黃信介等告發意旨說，按中共僞政權係爲「叛亂組織」，被告總統府資政陳立夫及國策顧問趙耀東等，自今年七月七日中國國民黨召開第十三全會以來，竟公然鼓吹以全國國民所有之外滙存底美金五十億至一百億元資助中共僞政權，不無涉有懲治叛亂條例

第二條第二項陰謀叛亂，及第四條第六款之資匪通敵等罪嫌。

處分書說，被告陳立夫、趙耀東均否認有陰謀叛亂、資匪等情事。並均辯稱，渠等係中國國民黨中央評議委員，在十三全會時，曾提對大陸政策之實施方案，雖建議實行國父實業計畫，由雙方組成國家實業計畫推行委員會進行，由我政府貸款資助之，惟此項計畫，必須中共以復興中華文化、重振四維八德、替代外來的「四個堅持」，及正式聲明不以武力犯臺爲其先決條件，如中共能履行上述條件，則其政權實質已變，該項建議，自不能謂係陰謀叛亂，亦非單純資匪可比擬。

經查該項提案的案由，足見於案山中卽開宗明義主張以中國文化統一中國，重振四維八德，替代中共之「四個堅持」，亦卽中共必須先放棄「四個堅持」，並願與我政府以和平方式謀求中國統一爲前提要件，給予貸款。

不起訴處分書指出，按中共之所謂「四個堅持」，依中共黨章及中共憲法中所列爲「堅持社會主義道路」、「堅持人民民主專政」、「堅持中國共產黨的領導」、「堅持馬列主義、毛澤東思想」等四項基本原則。準此以觀，被告等並無叛亂之意思，其罪嫌顯屬不足。

在大陸設臺灣經驗諮詢會

《中央社》臺北二十二日電：國策顧問陶百川今天建議由民間籌措充足的基金，支持在大陸設立臺灣經驗諮詢會，在大陸大學設臺灣經驗講座，把臺灣經驗深入傳播到大陸。

陶百川上午參加三民主義統一中國大同盟成立六週年大會，他說，不久前和學術界人士于宗先、高希均、侯家駒討論有關問題，大家有這樣共同的想法。

陶百川表示，過去大同盟工作的重點在基地和海外，今後應把臺灣經驗傳播到大陸。

他認為，可由民間籌募成立基金會，每個月提出一百萬元經費，支持在大陸設立臺灣經驗諮詢會，提供臺灣的各項訊息；在大陸大學設立臺灣經驗講座，舉辦各種研討會、以獎學金支助大陸學生研究臺灣經驗等。

陶百川指出，共產主義下的大陸還是一個封閉的世界，一切政治掛帥，提出的各項建議不一定作得到，但還是值得嘗試，至少比空飄氣球、高談闊論實際。

今天在大會討論議題發言的人士還有：林衡道、曹聖芬、卜乃夫、王亞權、羅光、吳香蘭等。

大陸工作應謀於專家

繼行政院成立大陸工作會報之後，執政黨中常會昨天通過在黨中央設立中央大陸工作指導小組。李主席登輝先生並重中政府絕不改變不接觸、不談判、不妥協的三不原則。這種黨政分設大陸政策組織的做法，是否會構成權責分株？三不原則又是否須作若干修正？本報特訪陶百川作一評述。

（《聯合報》記者，八月二十四日）

執政黨成立大陸工作指導小組，和行政院的大陸工作會報在權責和功能上原各有不同，指導小組直接向執政黨主席及中常會負責，大陸工作會報承受相關業務的推動工作，直接向行政院長負責。

眼前的問題是，大陸政策太重要了，大陸工作指導小組的組織應可更週延一點。為集思廣益起見，我建議在大陸工作指導小組下，設置諮詢委員，從各方面網羅專家學者，特別請具有不同意見及勇於建言者參與。

今天，各方面對大陸政策多抱有進一步調整的期望，況且海峽兩岸情勢發展瞬息可變，希望能及時反映不同的意見。由大陸工作指導小組設置諮詢委員，即可就不同的個案，諮詢相關學者專家，從各種角度提供進步的、務實的意見以策萬全。

(附載)響應陶百川之議

《自由時報》

國策顧問陶百川昨日在三民主義統一中國大同盟大會中，建議派人到大陸傳播臺灣經驗、在大陸的大學內設「臺灣經驗講座」、提供獎學金支助大陸學生研究臺灣經驗、在大陸設置臺灣經驗諮詢會等。

我們認為，陶百川先生這些主張，植基於民間力量以向大陸推展臺灣經驗，不僅深具大陸政策調整的意義，而且具體可行，值得決策當局採行。

李總統登輝先生在本月五日發表演講時曾指出，「中國」不僅是一個國家的名稱，它更是代表一個文化中國，中國現代化應立於中華文化傳統的基礎上。臺灣經驗的內涵在於自由、民主及均富，是立基於中華文化傳統所成就的珍貴經驗。質言之，臺灣經驗是大陸追求現代化過程中絕佳借鏡。

胸懷中國的陶百川先生提出具體推廣臺灣經驗於大陸的建議，理念上既符合李總統的「文化中國」與「政治中國」之分際，策略上又能爲當前呈現休止符狀態的大陸政策，注入新的活力。大陸政策不僅應有長遠目標與理想，且須有緊密配合的行動與措施；觀諸陶百川先生的建議，正具有此類層次的意含。中共自採取開放政策與經濟體制改革以來，政治教條淡化，意識形態鬥爭模糊，尋求經濟成長與政治民主之勢已無法逆轉。然而，除了在農村經濟上取得某些成就，但攸關改革成敗的城市經濟卻面臨諸多瓶頸，政治民主亦遲滯徬徨，因此目前向大陸推廣臺灣經驗，是對方排斥的程度最低的良機。

尤其，陶百川先生的建議主要藉由大陸的人學講座、提供獎學金支助研究等方法，其影響十分深遠，也具有學術交流的意義。大陸青年學子研究臺灣經驗，對照比較，必然加速對馬列共產主義信心的崩潰，進而縮減兩岸意識形態之差距。

最後，我們認爲，政府決策當局面對這樣具有衝擊性、可行性的建言時，宜認淸「順其道發展，有利；反其道而爲，弊多」的道理，善體民意趨向及時局變遷，早日將臺灣經驗傳播到大陸每一個角落上。

大陸政策問題逼人而來

蔣故總統經國先生十三日逝世，震驚海內外，舉國上下一致哀痛，展望國家前途，應興待革之大政仍多。如何銜哀奮勵，同心團結，羣策羣力，以求精進，向民主憲政邁進，開創國家、社會及個人新機，至關重要。為此，本報特於一月十八日舉行「國喪期間談國是」座談，邀請總統府國策顧問陶百川、政大新聞系教授王洪鈞、國大代表王應傑、政大外交研究所教授趙怡、東吳大學教授林嘉誠與會。

下文是陶百川先生的發言要旨。

（《民衆日報》記者）

海峽兩岸關係今後應如何調整，此一問題將比黨政權力結構更爲複雜、嚴重，而且迫切，如果蔣故總統還健在的話，此一問題還可以拖一段時間，現在他走了，我們如果處置不當，可能面臨危機。

個人認爲，海峽兩岸關係首先應調整的是探親，現在是「單行道」，祇准許國人前往大陸，但大陸民衆不能來臺探親，內政部長吳伯雄曾表示政府開放大陸探親，將於實施後二個月進行檢討。

我建議，將來在檢討時，應主動放寬探親方面的限制，在大陸的父母、子女及夫妻，應該准許他們來臺探望他們的父母子女或夫妻，這些親人長期未能見面，如果再不准探望未免太不人道。

其次有關海峽兩岸的貿易問題，雙方民間早在進行間接貿易，我以爲不妨有計畫的加以擴大增強。

還有關於學術交流方面，目前海峽兩岸的知識分子不相往來，學術文化研究失去彼此交換和借鏡的機會，相當可惜。似可准許雙方專家學者互相訪問和參加民間的文化活動。

第四點是有關通郵的問題，由於開放大陸探親，民間的通信也變得更加需要，事實上也在進行。對於此一問題，應該以平常心看待，不必再禁止。

我過去曾提出中國統一的百年大計，就是從民國三十八年開始，以一百年爲期，海峽兩岸彼此共存和競爭，最後可望在自由、民主、均富的情形下達成和平統一。現在已過了四十年，我們不妨逐漸放大步伐，相機推進。

至於各方關切的國民黨主席問題，我主張依照黨章辦理，主席的名稱不必變更。從總理、總裁，到目前的主席，名稱已經改了三次，再要變更，沒有多大意義。

此外，黨主席當然由全國代表大會選舉產生。至於人選問題，方才有人問我是否支持李總統兼任，我說是的。這也是我主張擱置半年的原因。

我在總統府供職，對李登輝總統的了解頗深，如果我有投票權，他會是我第一個選擇。但如果現在就由中央來選舉，我恐他未必能順利獲選，因爲大家對他的了解未必有我這樣的深。假使在半年後由第十三次全會來選舉，他可能已有很好的政治領導才能和成績的表現，便有當選的較大機會了。

此外，爲了權力運作的便利，我建議黨主席如由國家元首兼任，似可考慮加設一位副主席，以兼顧各方利益。

七十七年一月十八日

(附載)論雙向交流的大陸政策

余英時

文化共識是政治統一基礎

(上略)關於兩岸學術文化的交流，這更是我的一貫主張，早在八年以前，我已經爲費孝通來臺參加第一屆「國際漢學會議」的事在暗中努力過。當時時機過早，其事胎死腹中，但這是可以理解的。今年三月十一日我曾在《聯合報》發表了〈兩岸文化交流此其時矣〉一文，其主旨便在於提倡「雙向交流」。所謂「雙向交流」，卽不但臺灣的學術文化人士可以去大陸開會或訪問，而且大陸的學術文化人士也同樣可以來臺灣和同行交流經驗。七月二日我又在《中央日報》發表了〈文化層次的對話而不談判〉，進一步有所申議。根據我個人對大陸的瞭解，現在還不是臺灣和大陸談「政治統一」的時候。我主張兩岸「對話而不談判」，而且「對話」必須從距離「政治」最遠的領域開始，這是因爲我深信文化共識是政治統一的基礎。文化並不是甚麼神妙的東西，說穿了，不過是「生活方式」。價值觀念、知識取向、經濟活動、社會結構、藝術形態、政治體制等都是文化的構成部分。但政治確是其中最表面的一層，是整個文化的表現而不是決定文化——生活方式——的根本力量。這個看法的根據是十分堅強的，雖然無法在此處詳說。今天所有共產體制的國家幾乎都有解體的明顯跡象，正是因爲經過最近四十多年的發展，共產國家中的文化已在不知不覺中發生了變化。所以雖以極權政治下那種專橫而嚴密的系統，也阻擋不住人民要求自由生活方式的衝力了。我當然不是說中國的政治統一必須建立在文化統一的基礎之上。文化，特別是現代文化，是不可能「統一」的。但是如果兩個地區的人民的生活方式相差得太遠，他們是不可能共存在同一個政治結構之下的。今天南韓的盧泰愚儘管在聯合國大聲疾呼要求世界各國幫助他完成南北統一的大業，我敢斷言，這一呼籲在可見的將來祇有政治宣傳的意義，決無眞正實現機會。南北韓的統一也必須在雙方的生活方式逐漸接近之後。

應以決心和智慧脫出困境

大陸知識分子無論是到臺灣來參加學術會議或其他正當的文化活動，在任一特定的時期必然祇限於少數人。而且這些少數人又必然是臺灣學人所早已接觸過和相當熟悉的。這樣的人事實上早已經過了政治過濾，那些想爲中共搞「統戰」的活動家是根本不可能獲得邀請的。國民黨對這樣的人歡迎之尙且不暇，何必緊張害怕呢？

總之，無論是探親或學術文化交流，國民黨都必須趕快拿出一套確實可行的新政策。國民黨首先必須考慮：雙向交流是不是可以並且應該阻擋得住的一種趨向？如果國民黨眞的認爲雙向交流將危害臺灣的安全，有百害而無一利，而又自信可以制止它的發展，那便不妨及早煞車，向海內外作一次公開的宣布。這樣做，可以息止目前的許多紛擾，相反地，如果國民黨在原則上肯定雙方交流是有正面意義的，那更應該及早決斷，擬定明確的交流政策。

「當斷不斷，反受其亂」。這似乎是國民黨所面臨的困境，但這一困境其實是最容易脫出的，祇要國民黨有決心和智慧。

統一試步荆棘滿途

我對于宗先、高希均、侯家駒三位教授移植臺灣經驗的辦法以及陳立夫先生等三十四位中央評議委員的提案都很欽佩，但不很樂觀。

恐怕中共不領情

三位教授辦法的重點是：政府撥出五十億美元爲基金，以其利息在大陸設立學術講座、臺灣經濟研究獎金、兩岸學術交流補助金、合辦學術性研討會、設立中小企業經營諮詢會、提供農業技術研究等。凡此我都贊成，期待我們政府能夠實施，但我懷疑中共能接受。而且因爲大陸沒有言論自由、講學自由、出版自由、集會自山和出入境自由，我們不大可能移植臺灣經驗於那個封閉的社會。

而且中共「政治掛帥」，舉凡一切文化、學術和經濟，都須爲政治服務，而我們移植臺灣的經驗，當然要談到臺灣的自由、民主、平等、法治和均富，我很懷疑中共能讓我們作出這樣的宣傳和移植。

三位教授文中又指出他們「上述各種建議，建築在『政經分離』、『政學（術）分離』以及『官（方）民（間）分離』的認知上。」我以爲這些理論可能爲我們政府所欣賞，但在強調政治作用的中共是否也能接受，我建議先向中共試探一下。

對方反應先試探

現在再談陳立夫先生的提案。它的辦法是：「如大陸當局能放眼於中國的未來，及同意中國文化與經濟將大有助於世界之和平，則及時正式響應本黨之決議，鄭重宣言復興中國文化，重振四維八德，以替代『四個堅持』，放棄武力犯臺，並願與本黨及政府以平等及和平方式謀求中國自由、民主、均富與統一，先從文化、經濟兩方面之必需率先實現者，與我開誠合作，則吾方願以數十年上下一心辛勤所積之美金外滙資金五十至一百億元，經中國輸出入銀行，作分年長期低利貸款之數，俾與大陸同胞共享民生均富之成果，其詳細方式，及其使用辦法由『國家實業計畫推行委員會』商訂之。」

陳案規劃比較周延，它把文化、經濟和政治放在一起，而作「整批交易」(Package deal)，要求雙方全盤接受。這是說，中共不得祇接受中國文化和一百億美元的低利貸款而拒絕放棄武力犯臺或四個堅持，臺北也不得減少那筆低利貸款。

陳案條件並不苛

有人以爲在雙方開始嘗試解凍之初，我們不應提出政治條件，例如陳案之所爲，使對方聞而卻步。其實陳案條件並不過苛。以放棄對臺用武來說，在這和解時代，全世界的戰場，包括阿富汗戰爭和兩伊戰爭都已停火，中共還能對臺用武嗎？而且它對用武已經鬆口，因它曾經提過三種用武的情況，我們當然應該促其提出不用武的保證。

至於四個堅持，已是支離破碎，例如原來的「共產主義」，已經改爲「社會主義」，原來的「無產階級專政」已經改爲「人民民主專政」，既已堅持「社會主義」，何能再堅持「馬列主義和毛澤東思想」！我預料中共終將把它放棄，不過現在因爲列入憲法，不能一下子一筆抹煞而已。我們乘機推動，正好助其實現，對統一會有很大貢獻。

反之，如果陳案不提出這兩個政治條件而祇須中共發表復興中國文化的宣言而便給它一百億美元的低利貸款，我們政府能許可麼？人民能同意麼？我們能促進自由民主均富和平的統一麼？

停不能進動有功

我多年來一直認爲「三不」、「三拒」乃是無可奈何因而無可厚非，但總嫌它過於僵硬，不能制勝，所以呼籲要動，要有作爲，「三十六計：動爲上計」，動則有功，停不能進。因而建議不通郵也得通信，不通商也得通貨，不通航也得通運，不接觸也得交流，不談判也得談話，不妥協也得放鬆。

本這和解和動的精神，我所以聯署陳立夫先生的提案並支持三位教授的建議，深願兩岸當局都能作出積極的反應！（七十七年七月十九日《遠見》座談會發言大意）

國際關係與和平演變

國際形勢怎樣扭轉？

監察院政治檢討意見之一

今天（十一月十二日）我想提出關於外交政策的幾點意見，我聲明這不是官方的看法，而都是我個人的意見。

一

第一、大家都很關心今年聯合國投票的趨勢。這一點我和外交部交換意見，並仔細算過，今年聯合國的代表權絕對沒有問題。聯合國大會本來祇有兩個案子：一是中國代表權是否是重要問題，就是要二分之一的票數來決定，還是要三分之二的票子來決定？這個程序上的案子，相信可以比去年更多的票子來通過認定是一個重要問題。另一個問題是要不要讓毛共代替我們參加聯合國作為中國的代表？這個問題，去年是四十七票比四十七票，今年我們可以多得幾票。

但是魏部長為甚麼匆匆到聯合國去呢？就是除了這兩個案子以外，還有第三個案子，就是義大利提出要設立一個研究委員會，準備和毛澤東打交道，看看是不是可以用「兩個中國」的方式來解決中國代表權問題。這個問題由來頗久，聯合國曾經有過這樣的委員會，但現在形勢不同，因此魏部長才自己去打這一仗。

「兩個中國」這個論調，年來甚囂塵上。分析此中心理，大概懷有兩種看法：一種是認為共產黨很快就要進聯合國，假定不早點想一個對策，眼看中華民國就被趕走，這樣何以對得起中華民國？所以他們覺得事先應該有這樣的安排：毛澤東不妨進去，但中華民國必須留在聯合國。他們認為這樣兼籌並顧，最為現實。

還有一種心理，是認為毛澤東進聯合國幾乎不可避免，而他們是不歡迎他的。那麼如何才可不讓他進去呢？於是他們有一幻想，就是把中華民國留在聯合國，毛澤東就不肯進去了，這是以退為進。一部分美國人稱它為「空城計」。

不錯，司馬懿為甚麼不進那個城，就因為諸葛亮坐在城樓上彈琴。假如諸葛亮不坐在城樓上，司馬懿早就打進去了。所以有人要我們現在也學諸葛亮留在聯合國，以抵制毛澤東。在這些姑息分子中，有一部分也許用心良好，但這個方法是不好的，不現實的。因為這是「兩個中國」論，我們不能接受。

不久以前，我曾和美國朋友說：「這種空城計是擺不成的，我們不會扮演諸葛亮。聯合國一旦有兩個中國的安排，我們一定退出。因為我們絕對不接受『兩個中國』。假使我們退出聯合國，毛澤東進入聯合國之後，那等於孫悟空鑽到了牛魔王的肚子裏去使鎗弄棒，將會弄得美國和聯合國昏天黑地，那時候就悔之晚矣。所以每個人應該仔細想一想，假使弄假成眞，我們毅然決然的退出聯合國，毛澤東就進去，美國更比我國受不了。」我們對聯合國必須要作明確的聲明，使一部分主張「兩個中國」或主張擺空城計的人放棄所抱的幻想。

二

其次、我們反攻一定要先得到美國的後勤支援和道義支持。不過，美國對我們的支援非常審愼，越戰以來更是如此。

越戰與我們的利害可分三階段來分析。最初一個階段，對我們反攻似很有利，因爲越南戰火燃燒起來，我們反攻機會就比較多。但中間一個階段，大約有一年的時間，對我們很不利，因爲很多美國人認爲美國動員了很大兵力在越南作戰，而猶打不敗胡志明；胡志明尚打不過，還打得過毛澤東麼？而且打胡志明的時候，亞洲許多國家都袖手旁觀，聯合國不獨不像韓戰時組織聯合國軍隊去應戰，而且連作一個調人也不幹。美國人因此非常沮喪，覺得越南戰爭已經上了當。現在這個時期似乎好一點，因爲美軍作戰力量很大，胡志明祇有招架之功，並無還刀之力。亞洲許多國家也慢慢的積極起來，如七國外長會議以及韓非等國的出兵援助，使美國覺得尚有朋友。

越戰的成敗，與我們的關係至爲密切，今後我們要把消極的態度，變爲積極的態度。我們要向亞洲國家呼籲：「你們要美國承擔亞洲的防務，首先要我們亞洲人下決心」。但亞洲人要下決心，又與自由中國的態度很有關係。我們以前對於越戰不抱太大的希望，態度比較消極，我贊成那個時候的態度。但是現在看看美國國內反越戰的理論和藉口，我覺得要希望美國在越南打下去，亞洲國家必須採取更積極的政策，而中國態度更應積極起來。

三

第三、照我在美國的感覺，剛才也說過，要希望美國對我們的反攻有後勤的支援，不獨要爭取美國政府，爭取國會議員，更須爭取輿論界及其同情和支援。我們可以想像，假定我們反攻戰爭一起來，美國一定有一部分姑息論調反對美國參加，要美國中立，這種論調可以影響美國政府的政策和行動。所以現在首先應該對美國輿論界下工夫。我國年來雖已有這了解，但是做得不夠。

我覺得那些姑息論調有很大的力量，我們除了公開駁斥之外，還應該做聯繫的工作，要用高度的耐心去說服他們。爲做好這個工作，必須多派有力量的人出去，尤其要動員當地的人力。研究工作必須做好，我們要有一個健全的參謀團和後勤部，以思想和理論的武器補給前線戰士。像巴奈特其人，他的「圍堵而不孤立」的話，多麼厲害。因爲美國是主張圍堵的，他不敢正面反對，乃以不使毛共孤立來取消圍堵，這使觀念爲之混淆，效果因之對消。可是人們還以爲他也主張圍堵，你看他多麼巧妙和毒辣。這是他苦心焦思研究出來的。

又如美國那個著名專欄作家李普曼，他也反對圍堵政策，但他的說法很巧妙。他說歐洲的圍堵能夠成功，是靠美國的核子力量，但美國是否有決心到中國大陸去投原子彈呢？他說，美國是沒有這個決心的。那就不能圍堵毛共。又如芝加哥大學名教授摩根索說，他贊成圍堵，但是要亞洲人也採取行動，否則圍堵就不能成功，也就不必侈談圍堵。

他們以不孤立來取消圍堵，以不好投原子彈來反對圍堵，以亞洲人民自己沒有反共決心來責難圍堵。現在美國的政略已從「圍堵」退爲「堵而不圍」，未始不是受這三種理論的影響。但在美國人聽來，覺得很有道理，因爲亞洲人既不反共，美國犯不着也不可能孤軍奮鬥。因之圍堵政策的理論基礎，幾乎給他們破壞了。所以我深感我們要以理論對理論，不能徒做八股。而入手方法就是研究。

四

第四、現在國際形勢對我國較前有利，因此我們應該乘機爭取友邦，其中英法兩國與我們雖然沒有邦交，但也應該設法爭取。例如對於英國，我有一個新奇的想法：英國在臺灣設有領事館，我們是否可以交涉在英國也設一個領事館，以領事館爲外交開路。戴高樂對我國的態度雖壞，但是他很快會下臺，或因明年選舉失敗而下臺，或因年齡太老而下臺。照美國的調查，法國人崇尚民主自由，法國國民和政黨，不會過分傾向共黨集團，等到戴高樂下臺以後，他的繼承人仍會回到民主陣線來。我們要先作準備，來促成並迎接法國以後對我們的有利發展。我們過去太忽略了。我們不可因爲與這兩國沒有邦交，而放棄努力。

五

第五、日本與亞洲關係很大，美國估計亞洲反共的形勢和力量，很注意日本的態度。日本假使積極起來，美國會更積極，日本如果消極，美國也很會受他的影響而沮喪。（美國對印度也很注意，因爲印度地大人多，印度假使積極，美國也會更積極，如果印度失敗，美國也會沮喪。）我們過去對日本的寬大政策，例如放棄戰時血債的索償，大有造於日本。但是日本對中國並沒有予以公平的報答。我們應該繼續不斷，年年歲歲，大聲疾呼，喚起日本國民的良心，要求公平的報答。否則日本年輕的一代，對我們當初對他們的寬大和恩惠，會很快的淡忘了。

六

還有一點，現在很多人問：我們現在的處境既然很好，應該可以反攻了，但爲甚麼仍不反攻呢？我們必須作一交代。我們要找癥結所在。

當然，我們自己的力量和大陸的情勢，都是反攻的條件，而且現很有利，但還有一個條件，就是國際形勢，還未十分成熟。因爲共黨是國際問題，反共戰爭是國際戰爭，要打勝反共戰爭，必須動員國際力量，而這個力量尚未動員。

我覺得我們朝野上下都應該有這個認識，並促成國際形勢的成熟，以促進反共戰爭的勝利和成功。有了這個認識，我們在主觀上方不會沮喪，在客觀上方有着手和努力的對象。

旅美觀感

一

留美期間，我最欣賞的一件事是美國社會及政府對窮人的照顧。美國的所謂窮人，並不是「屋漏偏逢連夜雨」的窮人，也不是無家可歸，饑寒交迫，露宿街頭的窮人。美國所謂窮人是指：家裏祇有收音機而沒有電視機者，或有收音機、電視機而缺少電冰箱、自用汽車的人。這種窮人在一億九千餘萬人口的美國約有二千萬人，其中黑人約佔百分之六十，白人佔百分之四十。他們每個家庭的每年平均收入祇有美金三千元。他們有些人是失業者，靠領政府救濟金過活，有些人幹着較低微的工作。

美國政府對這些窮人一向很注意，不斷地在照顧他們，提高他們的生活水準。過去三十一年，美國有三位總統對於掃除貧窮、救濟失業、繁榮社會、提高人民生活水準等目標，都各有其間新耳目的計畫。羅斯福總統有「新政」(New Deal)，杜魯門總統繼行「公政」(Fair Deal)，甘迺廸總統提出「新境界」(New Frontier)。

羅斯福當政時代正在一九三三年美國有史以來的最大經濟不景氣之後，又經過第二次世界大戰，情況嚴重之至。當時全國生產貿易總收入驟降，全國銀行有五千多家破產倒閉，大小工商業，泰半破產。全國三千八百萬工人中有一千五百萬人失業，倖免於失業的工人也難維持其起碼的生活。同時大小農場紛紛停工，農村經濟亦徹底破產。各地人民因破產、失業、饑餓所迫而自殺者比比皆是。在紐約等大都市的旅社中，遇有客人指定租住高樓房間時，旅社人員常要關心着問一聲：「先生，你開房間是過夜呢？還是要跳樓呢？」美國經濟已面臨總崩潰。

二

在全美國人岌岌可危之際，羅斯福在參衆兩院全力支持下，毅然採用英國經濟學者凱因斯(J. M. Keynes)的理論，推行新政，使用政府投資的方式，使倒閉的銀行工廠農場復業；利用政府權力，調整勞資關係；興辦大規模水利路礦等工程，吸收勞工，減少失業；撥款統一籌辦農貸，提高穀價，恢復農力。在羅斯福大力興革之下，卒使美國渡過其歷史上空前危機，趨於繁榮。

至於杜魯門的「公政」，主要在力求平實，做到均富。甘迺廸的「新境界」頗有一新美國社會之雄風，不幸被刺身死而未能一一實現，然其理想及價值，卻留給美國人民一種力量和啓示。詹森總統又提出了「偉大社會」（Great Society）的號召，其理想是：輔導就業，掃除貧窮，人民免費接受教育，城市鄉村化，鄉村城市化，從各方面各角落去與貧窮挑戰，去防止「醜惡的美國」。

今日美國的「偉大社會」藍圖中正在重新興建城市，拆除陳舊房屋，也不再有貧民區；增加大量交通系統，在都市周圍環以公園，清潔空氣。在教育方面，增加聯邦經費以扶助各州各級學校；老師們將接受更好的訓練及更多的待遇；貧窮子弟可以免費就讀大學及專科學校；年老的人都有足夠的退休金及養老金，都能獲得醫院的照顧。

今日美國社會在迅速不斷繁榮中，貧窮大量減少，人民生活水準不斷提高，已經達到偉大社會的某一程度了。美國各行業工人，其每年薪金收入在一萬元美金以上者大有人在。窮人救濟金的發放，各州不同，大約每人每星期可領到三十至五十元美金，美國退休制度執行得很嚴格，六十五歲的老人都要退休，領養老金生活，使年輕人有「接棒」的機會。如果一個在政府中工作，年有六千元美金收入的公務員在退休後，一個月約可領到三百元退休養老金。現在美國國民平均每人每年的國民所得約三千二百七十元，而我們自由中國每人每年的國民所得約一百五十元，相差達十五倍之巨。

三

美國現在實行三民主義比我們還徹底。美國現在已經做到了國父孫中山先生所講的，在全民政治之下，用直接稅來節制資本。由於累進稅率很高，使過去托辣斯的弊病不復發生。美國聯邦政府每年的總預算，有百分之八十五是由大企業、大公司累進所得稅而來的，而自由中國中央政府的預算不到百分之二十從所得稅而來。所以，美國政府有足夠的資金可以爲窮人、工人、兒童、老人、失業者謀福利，爲全體人民建立福利康樂的幸福國家。美國現在眞正做到了中國孔子在二千五百年前在《禮記》〈禮運大同篇〉所說的「大道之行也，天下爲公。選賢與能，講信修睦。故人不獨親其親，不獨子其子，使老有所終，壯有所用，幼有所長，矜寡孤獨廢疾者皆有所養。男有分，女有歸。貨惡其棄於地也，不必藏於己；力惡其不出於身也，不必爲己。」的大同之境了。

償還美債博取美名

報載美國政府突然向我政府索取抗戰時期借與我國的物資貸款約數千萬美元，而我政府因資料不全，且恐其他債權人（包括外國政府和本國人民）起而效尤，頗感為難，甚至有人主張美國應向中共去討。看來中美間又將引起麻煩。如果如此，我以為殊屬不智。

我以為上面那些理由，都不能成立。依據經驗法則，美方一定有詳細記載，否則不會冒昧索取。所以我方應該通知它檢具數據，列册詳告，以憑審核。但該付的照付，不該付的當然拒絕。我方非有反證，不可輕率否認或拒付。尤其不得以我方可能遭致的困難，作為拒付的理由，因為那是我方的內部問題，不能作為對抗美方的理由。

回憶一九三五年我在美國求學時，看到報載美國國會譴責英法等大國賴掉第一次世界大戰時向美國所借的「戰債」，而因芬蘭分期償還，大加讚揚，並聲言今後將樂予資助。尤其使我感動不已的，一九七五年東西雙方三十五國的歐安會議在芬蘭開幕，芬蘭總統以三百萬美元的一張支票交與美國代表作為它償還五十餘年前借自美國那筆戰債的最後償款，一時傳為美談。

我國應以芬蘭爲法，在對美戰債上博取守信重義的美名。

七十八年三月一日

（附載）華府為何忙著向我催討舊債

《中國時報》

本報駐華府特派記者冉亮三月二日專電：美國財政部官員今天告訴本報記者，美國政府並不是突然在此時向臺北當局催討四十多年前之舊債，而是在過去十年間不祇一次索討過，不過在美國追討的各國舊債中，國府的金額則高居第一位——一億七千萬美元。

據了解，這個數目是好幾筆債款加上利息的總和。

本報記者向美方多方打聽下，目前的了解是：這筆欠款並非是二次大戰期間國府自美取得的物資貸款，這部分之款項或已償還或部分已不追究(forgiven)；目前美國追索之債款是在戰後一九四六年，國府取得美國非常低利之物資貸款，其作用則在對抗中國共產黨，因此美國如向中共索求，中共應可就法理上不予認帳。

美方人士也承認，美國近年來開始追索戰時及戰後之舊帳多少與美國日漸高升之赤字預算有關，據了解，美國財政部統計所有舊債累積起來超過十億美元，對美國國庫自不無小補。

據悉，美國也向英國、蘇俄及印度等國追討舊債，蘇俄之舊債最爲久遠，一直可追溯到第一次大戰期間；印度則已償還舊債，蘇聯尚未償還。

至於臺北當局援引「原始資料已經欠缺」之理由，美方人士對記者表示，他們雖然諒解年代久遠加上政府遷移而無法保存原始資料之情況，但是「這個理由並不成立」，他們說美國政府保留有完整之原始資料可資證明，「如果你向銀行貸款後，當銀行向你追索時，你若表示文件已經遺失，那並不能證明貸款就不存在吧?!」一位美方人士這麼解釋。

就美國財政部而言，這純粹是一個「欠債還錢」之問題。

不過，就政治意義上而言，一方面美國在法律上（de Jure）並不承認中華民國；另方面又向國府追討舊債造成對我國之事實（de Facto）承認，則是一引人興趣之話題，但是美方官員又對本報記者表示，臺灣的情況有其特殊處，因爲美臺之間有「臺灣關係法」，似意指中美過去是「租借法案」下所產生之權利、義務仍然有效。

外交行政的病源和處方

監察院五十五年度外交巡察報告之一

外交巡察是蕭委員和我擔任的，昨天蕭委員才推我報告，事前彼此沒有商量，如有錯誤應由我任咎。

理想的外交巡察報告應分爲兩部分：外交政策報告和外交行政報告。這次巡察重在外交行政，但是大家所關心的外交政策，例如中美關係問題，美國對我反攻大陸的態度如何；又如中蘇關係問題，我們過去是反共抗俄，現在有人主張反共除暴，不提蘇聯；又如關於聯合國中國代表權問題，我們有甚麼新的見解，在技術上有甚麼新的辦法；又如英法這些國家都很重要，但與我沒有邦交，應用甚麼方法去做國民外交。諸如此類的外交問題，也許較外交行政更需要我們的智慧與時間來研究，在巡察時曾分別提出並交換意見。但我今天因準備時間不充分，尤其監察院提出意見，可能有相當影響，更需要有較多時間去考慮，因此想留待政治檢討時再來報告。

我們巡察時，曾與外交部人員舉行十次以上座談會，每司都有一次座談會，人事會計部門也不例外。每次會談是半天時間，各司在一天前提出書面報告，在座談時又加口頭補充說明，然後由我們提出問題來共同研究。因此得到的資料非常豐富。與魏部長交換意見是在第一天。後來魏部長派前任大使陳岱礎陪同，把重要問題記下來轉報魏部長，後者在最後一天座談時提出來發表意見。在各司座談會中提出的十多個問題，有關於政策性的，也有關於人事的，各司不能答覆，都經他答覆。但今天因爲時間匆促，又是公開會議，不能暢所欲言。

此外，我到外交部閱卷三次，是關於梁大使出售在韓大使館土地處理問題的資料。我在另一場合會提出報告；梁大使有八點違失之處，今天我祇以……八個字來加以概括，詳細情形我將以密件向監察院提出報告。

一

現在我就外交行政提出幾點綜合的意見：

一是重形式而忽略效果。舉例來說，現在我國駐外機構共有八十六個單位。在聯合國一百二十二個會員國中，我國設有大使館五十八個，公使館一個，形式上可說已燦然大備。但是活動和辦事效果並不很理想。有若干大使根本是外行，不但沒有經驗，連外國語言也講不通，有的更是年齡老大，據所得統計資料來看，有十四個大使已超過六十五歲，已屆強迫退休年齡。這些老兵也許經驗豐富，人事熟悉，但辦承平時代的外交或能勝任，現辦戰時外交，年輕人更有活力和衝勁。又去年政府派往國外參加國際會議八十四次，換言之，有八十四個代表團出席各種國際會議，民間也派有八十八個代表團出席各種國際會議。每一代表團以五人計，有八九百人到國外開會，與國際人士交往，蒐集資料，成績應甚可觀。但也是祗重形式，不重效果。因爲派出去的代表，好多不像能勝任。

因爲我有代表團出席，中共就不去參加了，這個效果是有的，但我們問過外交部，這些代表團在出國之前，外交部有何指示，他們回國後有何報告，據稱多半沒有，這就不對了。記得七年前，美國國務院邀我前去訪問，國務院所派陪我到各地訪問的人，每天都向國務院上報告。又我到西岸結束訪問，回國較近，但美國國務院仍請我回到華府，由國務院派人與我談了一個下午，問我關於訪問的觀感和改進的意見。他們眞是鄭重其事。但是我們派出去的代表團，外交部不管，他人更不管。形式主義本來就是如此。

又聞政府很快要在中東的黎巴嫩設一個商務參事，由經濟部派人。我當時要求報告黎巴嫩的人口物產和過去一年和我們的國際貿易數字，但不得要領，我不曉得經濟部怎麼心血來潮，要設這個商務參事，大約又是形式主義在作怪。

要講求效果，第一要人才，關於人才問題，剛才已經說過；第二是金錢，但是我們的外交經費實在少得可憐。要辦好外交，一個總領事邀一個客人請吃一頓便飯，這是最起碼的應酬，但是駐西雅圖的總領事館，總領事每月可以請客的錢祇有美金九元二角；又美國第二大城芝加哥，祇有美金十七元五角的應酬經費。可是總領事有汽車、有官舍，都由政府給錢，另外還有五六個館員，政府所費也不少，但就是沒有應酬和活動的經費。

二

二是重關係而忽略人才。很多大使是根據人事關係出去的。派出去參加國際會議的代表，更要靠關係。難怪我們的外交辦不好。譬如梁序昭大使，僅爲賣一千坪土地，我一查就有八項違法失職。我們怎好再不注重人才主義！

此外，公使、總領事和參事的任用，現在法律規定也太呆板。因爲一定要在外交部內或部外擔任簡任外交官三年以上，方可受任。這個關門主義，把用人的門堵得太死了。

三是重情面而忽略是非，這與關係主義也有牽連。例如不久以前，有駐比文化參事郭有守的投匪，這次我們在外交部發現在五年以前，國民黨駐法總支部已有報告送到中央黨部第三組，檢舉郭有通匪嫌疑，第三組將該報告轉知外交部，經外交部調查以後，也覺得有問題，但是郭有守是文化參事，是教育部派的，外交部就行文知照教育部，但教育部沒有採取行動。如果郭有守不是被外國政府發現其從事共匪活動，而下令驅逐，他也許還在做我們的官！

又如現在駐紐約總領事游建文，過去的才能也不錯，但他在四年以前開車撞傷了腦子，早已不能勝任，可是他居然又繼續做了四年總領事。最近外交部把他調回來，直到現在爲止，還沒有免他的職，祇是派一個人臨時代理，他仍遙領紐約總領事的職務，支領紐約總領事的薪金。紐約是何等重要的地方，提倡「圍堵而不孤立」的巴奈特就在紐約哥倫比亞大學任教，費正清任教的哈佛大學，離開紐約祇有幾十分鐘的飛機航程，我們既知姑息主義之爲害，爲甚麼不早早不快快派個有學識有聲望有辦法的人去做紐約總領事！去對姑息主義者想點辦法！這就是情面主義在作祟。

三

第四、我們的駐外使節從事外交活動的對象，偏重官廳而忽略國民。這所謂國民，包括駐在國的人民和華僑。在民主國家，人民的意見和輿論對外交政策的影響很大，可是我們的活動祇限於對方的官廳而不及於人民。我們的藉口是人手太少；可是我們在美國有一千幾百位教授，七、八千留學生，分布在美國各地，假使能取得他們的信仰和合作，加以領導運用，其才固不可勝用。但是我們的使領館人員對此都不關心。

我們的外交戰，很像戲臺上的武打戲，一個白臉對一個紅臉單槍匹馬大戰三百回合。但是現在單槍匹馬的作戰方法是沒有用了，現在要講總體戰，要發動國民兵，不獨對駐在國政府要採取外交攻勢，而且對駐在國的國民也要採取外交攻勢。

現在我提出一個口號，叫做「國民中心主義」。以後我們辦外交，要利用我們的國民發動國民外交，以爭取對方的國民。

四

第五、這些單槍匹馬的外交人員卽使很努力，也出去演講，但多半是八股，因爲忽略研究，所以沒有新材料和新觀念。這種八股式的演講，對方聽了十七、八年，不再要聽了。他們不肯研究，甚至根本不想研究，所以祇有八股。這種八股無論是演講也好，去同別人談話也好，都不會產生效果。

在我回國前幾天，我曾問周大使，我說：「我要回國了，你有甚麼意見，我想你一定有困難，是否和我談一下，我也許可以做點推動的工作。」他說最困難是缺少人才。我說：「你沒有想辦法。假定你在華盛頓找五位顧問，祇要給一點交通費，就是其才不可勝用也。」

他又說：「大使館裏沒有人做研究。無論是外交或宣傳，基礎都是研究。」

周大使又說：「姑息主義者的反調是花樣百出，而我們從事研究對策的人則太少了。」周大使很努力，但我看「祇有招架之功，並無還刀之力」。

我們不要小看人家，例如提出「圍堵而不使孤立」的巴奈特，生於中國，能讀中國書，說中國話，寫中國文，前年爲寫一本書，特地到香港去住了一年，蒐集資料，他是哥倫比亞大學的教授和東亞研究所的負責人。我們的大使或總領事和他們去談，卽使僅談中國問題，也要好好研究和準備。因爲他們是專心在研究這個問題，而我們的研究祇是附帶的工作。巴奈特以不孤立來否定圍堵，多麼厲害！自然是他辛苦研究出來的。因此我提出一個口號，叫做學術先聲主義。不僅因爲「學問爲濟世之本」，而且可以學術來先聲奪人，等他們佩服你，自會來請敎你。因爲他們需要許多新材料和新觀念，所以樂於和我們交換意見。但如我們僅知八股，沒有新知識，他們自不會重視我們了。現在國際情勢的確有利於我們，但我們要打好外交戰，先要把我們作戰人員的思想武裝起來，而入手方法就是研究。政府要奬勵研究，使它蔚爲風氣。

五

總之，現在外交行政上的毛病和補救辦法大約如左：

第一是重形式而忽略效果，所以要提倡效果主義；

第二是重關係而忽略人才，所以要提倡人才主義；

第三是重情面而忽略是非，所以要提倡是是非非主義；

第四是重官廳而忽略國民，所以要提倡國民中心主義；

第五是重八股而忽略研究，所以要提倡學術先聲主義。

此外，外交部也有很多長處，例如魏部長的老練和穩健，大部分職員的敬業和水準，都值得稱道，但不在本院職責範圍之內，恕不贅述。

（附載一）直言談外交

《聯合報》

監察委員陶百川日前在監察院總檢討會中報告外交巡察工作時，對於外交行政有很嚴厲的批評。他說，現行外交行政有五個大缺點：即重形式而忽略效果，重關係而忽略人才，重情面而忽略是非，重官情而忽略國民，重八股而忽略研究。

讀陶委員對外交行政的批評，我們覺得很是難過，因爲，平心而論，在當前客觀情況下，外交工作實在不易做好，而近年來卻也做得不錯。諸如在聯合國對抗牽匪案的鬥爭，在非洲與共匪爭地盤的搏鬥，在拉丁美洲爭取與國的努力，在中東擴展邦交的致力，其成績都尚有可觀。期之於更高的要求固無不可，但亦不忍苛責。況且陶委員所指五項缺點，事實上屬於當前官場通病，亦非外交行政一門爲然！

不過，認眞檢討，陶委員的批評，又是鞭辟入裏，道盡了外交行政的痼疾。所謂五項缺點，在外交行政上已是積重難返，而今，把它作個總結，對外交當局，不失爲自反改進的借鏡。

在我們看來，外交行政的改進，重點有三：一曰人才，二曰經費，三曰政策。能在這三方面作改進，則陶委員所指的五項缺點亦可迎刃而解。

先談人才。

外交部的人事有門閥之見、派別之分，是不容諱言的事。尤其外交部是一個業務較有特殊性的老衙門。它的從業人員的轉業率較其他行政機關爲低。加以，大家都有深厚人事關係的牽緣攀結，又有編制上的限制，所以歷年來部長的一再更迭，並未引起多大的新陳代謝作用。此外，外交人才的任用，較金融機關尤講究所謂「專才」、「年資」，不是普通的新人可以隨時進去，也不是一般的人才可以中途插足。結果，久之，外交部和駐外使領館便成了老人的天下。資歷的老尙有可說，年齡的老乃使人有暮氣沉沉之感。許多僑胞及出國考察就學的人士，也往往以這種「老人外交」爲嘆息，爲詬病！

或曰：對付縱橫捭闔的工作，需要老人的經驗和手腕。可是世界不同了，時代不同了，維多利亞時代的外交已成陳蹟。在這國際情勢千變萬化，新興國家的年輕新人在其國內掌握政權，在國外則結合爲集團活動時，我們又怎能長久讓一些老態龍鍾，缺乏幹勁，反應遲鈍的外交官去應付這種新局面？那些老人的經驗即或仍有可取之處，何不叫他們回部裏來當顧問，在後方參與決策，而把外交前線衝鋒陷陣的任務交給年輕人？

所以，人才的問題，實在是當前外交行政改革的第一急務。外交人員的任用，對其資歷學歷一定要有變通辦法。平常多訓練重用年輕幹部，搜羅人才。祇要確對某一外交任務適合，確有利於外交上一地、一事的工作，便應破格錄用，延攬出任。我們也不時聽到外交當局作才難之嘆，其實，祇要打破舊規，撤除藩籬，天下之大，何愁沒有可用之才？當前之病，在於庸碌、僨事、失職者不能去，而年輕、有為、幹練之士又無由而來耳。

其次談到經費問題。

陶委員的報告中指出：我駐西雅圖總領事館每月能用於宴客經費祇有美金九元二角，芝加哥總領事館則為美金十七元五角。因為經費不足，駐外人員祇好躲在館內辦「公事」。這並不是駭人聽聞，而是不僅祇是上述西雅圖、芝加哥兩地的衆所皆知事實；甚至有些大使館也窮到一年請不起幾次客。

當然，外交工作並不是宴客的工作，但是外交原就省不了酬酢交際，何況來而不往非禮。我們的駐外人員困拮到每個月祇有美金九元二角的地步，又怎能叫他們在外交工作上創造奇蹟？

外交經費有限，這不單是外交部的事。我們要問政府：現階段外交對整個反共復國大業的重要性，上下不是不知，何以對外交經費吝嗇如斯？多年來政府在喊重點施政，又何以把眞正重要的外交工作，和一般不急之務等量齊觀了？難道許多粉飾排場的巨額支出不可省，許多駢枝單位、維持形式的機構不能裁、不能暫時停止業務？為甚麼不把那些浪費、不經濟的支出、不緊要的支出，移為充實外交經費，讓駐外人員英雄能以用武，好好的推行爭取與國，打擊共匪向國際間擴張的工作？

監察院主持政府經費的審計，立法院則審查政府預算的編制。今後在這方面也要多注意，多用心！

最後談外交政策。

這是外交當局應該切實檢討改進之處。現在我們的外交，幾乎全靠駐外人員個人的聰明才智。蔣廷黻先生生前在聯合國的卓越成就，卽屬如此。目前我駐北非若干地區的外交人員，也是在打個人的仗。外交當局給駐外人員的「指示」，官腔多於實務，八股重於政策，這不祇是作風問題，實在是外交部少有對政策的長遠深入硏討。碰到大問題，臨事周章，請示候命，實在沒有發揮運籌帷幄的「廟算」功能。何以如此？是因爲外交部祇是分司辦事，既缺乏一個好的作戰參謀組織，亦不能延攬專家權威，組織智囊團。微聞現在外交部已漸注意及此，將在內部先就調部人員組織起來，這工作實在不能稽延了。

由陶委員的批評而談到當前的外交工作，我們一方面感於外交人事、經費、政策的問題重重，一方面懍於現階段外交工作的重要，不禁直言以陳；一片謀國摰誠，希望能提醒外交及有關當局速作亡羊補牢之計。

（附載二）一些實感

許久不見，至念賢勞。在《徵信新聞》看到讜論，欽佩之至。兄臺周遊列國，看到我國外交機構病症所在，發爲宏論，誠有一針見血之感。目前多數外交工作人員欠健全，重小組織而無國家觀念，年事雖輕而習氣甚重，不願多做事情。非僅此間如此，大部分外交機構皆然（當然也有拚命出力者，但爲少數）。對兄之所言，弟以親身經歷，極爲感動，希望立監兩院以國家利益爲重，善意建議外交當局速圖改善。中央政校爲黨的學校，黨性應極堅強，國家觀念應特別重視，而今事實所表現者與在大陸時無大差異。應徹底設法改善。外國語甚爲重要，但做外交官內容也甚重要，毅力更爲重要。務請相機轉達爲幸。（下略）

陶百川全集

一　開宗明義　橫看側看
二　爲自由呼號
三　爲民主呼號
四　爲法治呼號
五　爲人權呼號
六　爲洗寃白謗呼號
七　爲改革開放呼號
八　爲造勢圖強呼號
九　爲公義私德呼號
一〇　爲端正政風呼號
一一　爲整肅官箴呼號
一二　爲遏制圖利呼號
一三　爲溝通安和呼號
一四　爲兩岸共存呼號
一五　爲三聯統一呼號
一六　臺灣還能更好麼

一七　走向天堂也向地獄
一八　政治緊箍咒與安全瓣
一九　政治十字架
二〇　臺灣經驗源頭活水
二一　臺灣經驗他山之石
二二　臺灣經驗統一大道
二三　臺灣經驗和平演變
二四　訪美觀感
二五　探索美國對華政策
二六　天下大勢冷戰低盪
二七　中國勞動法先聲
二八　三民主義與共產主義
二九　比較監察制度
三〇　監察的新經驗新發展
三一　困勉強狷八十年

百川匯海